からだが喜ぶ！ 藤井 恵の 豆腐 レシピ

からだによくて
キレイになれる
豆腐の力を
実感しています。

仕事柄、料理の試作や撮影が続くと、
味見などで一日中、おなかがいっぱいの状態に。
以前は、それでも夕食には家族と一緒に
脂身のある肉や揚げ物を食べても平気だったのです。
それが、年齢を重ねるにつれ、
なんとなく胃が重いと感じるように……。
そこで、消化がよいのではと、数日、豆腐中心の
食事を続けてみたところ、効果てきめん。
朝、目覚めたとき、胃がスッキリ軽いし、目覚めもいい。
おまけに疲れにくくなり、
肌もしっとりして、ハリがある！
こんなに早く効果を感じられるのかと、驚きました。
大豆を原料とする豆腐の成分を調べてみると、
その作用は生活習慣病の予防や腸活、
骨粗鬆症の予防、脂肪の代謝の促進、
美肌効果など、女性にうれしいメリットがいっぱい。
豆腐をとり入れることで、からだの余分な負担を減らし、
からだが本来持っている元気が引き出されてくるのを
実感していただけるとうれしいです。

たっぷり食べても太らない
わが家の豆腐ごはん

夫も私も、そろそろ代謝が落ちてくる年齢。そこでときどき、豆腐を中心にした夕食にするようにしたところ、からだが軽く、太りにくくなってきたのです。続けていくうち、脂身の少ない肉や魚をうまみ出しと食べごたえをかねて少々加えるのが、おいしく無理なくヘルシーに豆腐を食べ続けるコツということもわかってきました。そして、豆腐料理をおいしくするコツは、なんといっても「水きり」のひと手間。水っぽさが消えてうまみが凝縮されるから、仕上がりに大きな差が出るんです。時間がないときでも、薬味や具材を準備するほんの数分でいいですから、豆腐をペーパータオルやふきんで包んで水きりしてみてください。格段に味に違いが現れます。

contents

Column

修業時代の思い出の味

この本のきまり

- 材料表に「砂糖」とある場合は、きび砂糖、「塩」は自然塩、「豆乳」は無調整豆乳を使用しています。
- 大さじは15㎖、小さじは5㎖、1カップは200㎖です。
- 塩少々は、親指と人差し指の指二本でつまんだ量で、小さじ$\frac{1}{8}$～$\frac{1}{10}$（約0.5ｇ）です。
- だしは、削り節と昆布の合わせだしか、市販の和風だしの素を袋の表示にしたがって使用してください。
- 電子レンジの加熱時間は、600Wの場合の目安です。500Wなら1.2倍、700Wなら0.8倍を目安に加熱します。
- グリルは、両面焼きの魚焼きグリルを基準にしています。

買ってきたら、ペーパータオルやふきんで包んで冷蔵庫で保存。これで、水きりの手間が省けます。

わたしの豆腐の保存法は、買ってきたらすぐにパックから出し、さらしで1丁ずつ包んでザルつきのバットに入れ、ラップをかけて冷蔵庫に入れるというもの。3日ほど日持ちします。この保存法のいいところは、ゆっくり水気がきれるので、料理前にいちいち水きりをする時間と手間が省けること。それに、じっくり水気をきることで水分だけが抜けて、豆腐の風味とうまみが見事に残るんです。最近はいろいろな豆腐があって水分量もまちまちなため、一概にはいえないのですが、お好みに合わせて時間を加減していただければよいと思います。ご参考までに、豆腐の扱いやすさ、おいしさを引き立てる水きりの目安を次ページでご紹介しています。目安の時間以上おいてもおいしく使えます。豆腐を包むものは、何度も洗って使えるのでさらしを愛用していますが、もちろんペーパータオルやふきんで包んでもかまいません。密閉容器に入れて冷蔵保存してもいいですね。

◆水きりの時間がないときは

豆腐を水きりする時間がない場合は、厚揚げの表面を切り取って、白い部分を豆腐代わりに使います。切り取った部分は油揚げとして、煮物などに使っています。

時間があるときは、料理に合わせて水きりを使い分けて。

豆腐をパックのまま保存しておいた場合や時間があるとき、料理に合わせてていねいに水きりしたい場合、以下の3パターンの水きりの仕方を使い分けるといいでしょう。重さと時間は目安にして、豆腐の種類や好みに合わせて調整してください。

[炒め物に]

重し2kgで3時間

豆腐をペーパータオルやふきんで包み、ザルつきのバットに入れ、2ℓのペットボトル1本をのせる。冷蔵庫に入れて3時間おく。炒めても水気が出ず、豆腐の味がしっかり出る。

[万能タイプ]

重し1kgで30分

豆腐をペーパータオルやふきんで包み、ザルつきのバットに入れ、重しとして500mℓのペットボトル2本をのせ、冷蔵庫で30分以上おく。一晩（6～7時間）おくと、どんな料理にも使える。

[やっこ、煮物に]

重しなしで10分

豆腐をペーパータオルやふきんで包み、ザルつきのバットに入れ、重しをしないで5～10分おく。やっこは、薬味や具材の用意ができるまで、煮物は5～10時間おくと、やわらかさとなめらかさが楽しめる。

水きりの目安

重し2kgで	重し1kgで	重しなしで
180分	30分	10分

Part II、Part IIIの各レシピに豆腐の水きりの仕方の目安を記しています。
参考にしてください。

Part I

からだリセット
あったか、ひんやり
のっけやっこ

食べ過ぎが気になったら豆腐に具をのっけるだけの、
のっけやっこを食卓にのせるようにしています。
具をアレンジするだけで、和風、洋風、中華風と食べあきませんし、
具にボリュームを出せば十分、
メインのおかずにもなります。
ほっこり温まる、温やっこもおすすめですよ。

14〜31ページの豆腐は、のっけの具材ができるまで、ペーパータオルで包んで水きりすると、おいしく作れます。

のっけやっこを続けてみたらからだがスッキリしてきました。

どんなに忙しくても、おいしさとからだにいいことは妥協したくない。
この条件にぴったりなのが、のっけやっこだったんです。
ときどき、サブおかずとして温やっこや
変わり冷やっこ、メインおかずとして
ボリュームやっこを1品は食べるようにしていたら
満足感はあるのに、胃がもたれることはなく
ごはんは軽めか、なしでもすむようになりました。
自然と糖質とカロリーをオフすることができて、
たんぱく質、ビタミン、ミネラルがしっかり
とれるので、ダイエットしたい方におすすめです。
栄養的にほぼ完璧な豆腐において、
食物繊維が少ないという難点は、のっける具材で
カバーできるのも、のっけやっこの魅力です。
豆腐は細く切ったり、ちぎったり、
形を変えて見た目の変化も楽しみます。
健康とキレイを目指す、私の強い味方です。

香味野菜と梅肉のっけ

材料と作り方（2人分）

絹ごし豆腐 ── 1丁
みょうが ── 1個
青じそ ── 3枚
しょうが ── ½かけ
A 梅干し（種を除いてたたく）── 1個
　削り節 ── 1パック（3g）
　しょうゆ ── 小さじ½
　水 ── 大さじ2

① 豆腐は横半分に切って耐熱皿に入れ、ラップをして電子レンジで2分加熱する。
② みょうが、青じそ、しょうがはせん切りにし、さっと水にさらし、水気をきる。
③ 耐熱ボウルにAを入れて混ぜ、電子レンジで1分加熱する。
④ ①の水気をきって器に盛り、③をかけ、②をのせる。

しょうがとラー油のっけ

材料と作り方（2人分）

木綿豆腐 ── 1丁
しょうが ── 1かけ
塩 ── 小さじ⅕
ラー油 ── 適量

① 豆腐は横半分に切って耐熱皿に入れ、ラップをして電子レンジで2分加熱する。
② しょうがはすりおろす。
③ ①の水気をきって器に盛り、塩、しょうがをのせ、ラー油をかける。

ささっと、のっけ温やっこ

なめたけおろしのっけ

材料と作り方（2人分）

木綿豆腐 ── 1丁

A | 大根おろし ── 水気をきって1/2カップ
　| なめたけ ── 大さじ3

① 豆腐は横半分に切って耐熱皿に入れ、混ぜ合わせたAをのせ、ラップをして電子レンジで3分加熱する。

② ①の水気をきって器に盛る。

野沢菜漬けとわさびのっけ

材料と作り方（2人分）

絹ごし豆腐 ── 1丁

A | 野沢菜漬け ── 50g
　| わさびのすりおろし ── 小さじ1
　| しょうゆ、酒 ── 各小さじ1/2

わさびのすりおろし ── 少々

① 豆腐は横半分に切る。Aの野沢菜漬けはみじん切りにする。

② 耐熱皿に豆腐を入れ、混ぜ合わせたAをのせ、ラップをして電子レンジで3分加熱する。

③ ②の水気をきって器に盛り、わさびをのせる。

ザーサイと長ねぎのっけ

材料と作り方（2人分）

木綿豆腐 ── 1丁

A
- 味つけザーサイ ── 50g
- 長ねぎ ── 6cm
- サラダ油 ── 小さじ½

粗びき黒こしょう ── 少々

① 豆腐は大きいスプーンですくって耐熱皿に入れ、ラップをして電子レンジで2分加熱する。

② Aのザーサイはせん切りにする。長ねぎは長さを半分に切り、せん切りにする。

③ ①の水気をきって器に盛り、混ぜ合わせたAをのせ、粗びき黒こしょうをふる。

辛子明太子と貝割れ菜のっけ

材料と作り方（2人分）

絹ごし豆腐 ── 1丁

A
- 辛子明太子 ── ½腹
- 酒、水 ── 各大さじ½
- オリーブオイル ── 小さじ1

貝割れ菜 ── ⅓パック

一味唐辛子 ── 少々

① 豆腐は一口大に切る。Aの辛子明太子は薄皮を除く。貝割れ菜は長さを3等分に切る。

② 耐熱皿に豆腐を入れ、混ぜ合わせたAをのせ、ラップをして電子レンジで3分加熱する。

③ ②の水気をきって器に盛り、貝割れ菜をのせ、一味唐辛子をふる。

えごまと韓国のりのっけ

材料と作り方（２人分）

木綿豆腐 ── 1丁

A | えごまの葉（または青じそ） ── 3枚
| 韓国のり ── 1パック（4g）
| ごま油 ── 小さじ1

塩 ── ひとつまみ

① 豆腐は厚みを3等分に切る。耐熱皿に重ならないように入れ、ラップをして電子レンジで2分加熱する。

② Aのえごまの葉、韓国のりはせん切りにする。

③ ①の水気をきって器に盛り、塩をふり、混ぜ合わせたAをのせる。

めかぶとじゃこのっけ

材料と作り方（２人分）

絹ごし豆腐 ── 1丁

A | めかぶ ── 1パック（50g）
| ちりめんじゃこ ── 大さじ3
| 酒、しょうゆ ── 各小さじ½

いり白ごま ── 少々

① 豆腐はスプーンですくって耐熱皿に入れ、混ぜ合わせたAをのせ、ラップをして電子レンジで3分加熱する。

② ①の水気をきって器に盛り、ごまをふる。

トマトのアンチョビ、バジル風味のっけ

材料と作り方（2人分）

木綿豆腐 ── 1丁
トマト ── ½個
アンチョビ（フィレ） ── 4枚
バジルの葉 ── 5〜6枚
塩、こしょう ── 各少々
オリーブオイル ── 小さじ2

① トマトは4〜5㎜厚さのいちょう切りにする。アンチョビは細かくちぎる。バジルの葉は大きければちぎる。

② 豆腐は横半分に切って器に盛り、塩、こしょうをふってバジル、トマト、アンチョビの順にのせ、オリーブオイルをかけてバジルを飾る。

アボカド、のりの佃煮わさび風味のっけ

材料と作り方（2人分）

絹ごし豆腐 ── 1丁
アボカド ── ½個
A｜のりの佃煮 ── 大さじ1
　｜わさびのすりおろし ── 小さじ1

① アボカドはスプーンですくう。

② 豆腐は横半分に切って器に盛り、アボカドをのせ、混ぜ合わせたAをのせる。

ささっと、のっけ冷やっこ

スモークサーモンと万能ねぎのっけ

材料と作り方（2人分）

木綿豆腐 ── 1丁
スモークサーモン ── 4枚
万能ねぎ ── ½本
すだちのくし形切り ── ½個分

① 万能ねぎは斜め薄切りにする。

② 豆腐は横半分に切って器に盛り、スモークサーモン、万能ねぎの順にのせ、すだちをのせる。

ごまたくあんのっけ

材料と作り方（2人分）

絹ごし豆腐 ── 1丁

A
- たくあん ── 50g
- 削り節 ── ½パック（2g）
- すり白ごま ── 大さじ1
- しょうゆ ── 小さじ½

① Aのたくあんはごく薄い輪切りにする。

② 豆腐は横半分に切って器に盛り、混ぜ合わせたAをのせる。

しば漬けと青じそのっけ

材料と作り方（2人分）

木綿豆腐 ── 1丁
しば漬け ── 40g
青じそ ── 4枚

① 青じそは粗く刻む。

② 豆腐は横半分に切って厚みを半分に切り、器に盛り、しば漬け、青じそをのせる。

オリーブオイルと塩のっけ

材料と作り方（2人分）

絹ごし豆腐 ── 1丁
塩（あれば粗塩）── 小さじ1/5
粗びき黒こしょう ── 少々
オリーブオイル ── 小さじ2

① 豆腐は横半分に切ってから厚みを3等分に切る。

② 器に豆腐を盛り、塩、粗びき黒こしょうをのせ、オリーブオイルをかける。

きゅうりのメンマあえのっけ

材料と作り方（２人分）

絹ごし豆腐 ── 1丁

A | 味つけメンマ ── 50g
　| きゅうり ── ½本
　| 長ねぎ ── 3㎝
　| 酢、しょうゆ ── 各小さじ½

① Aのメンマは細く裂く。きゅうりは斜め薄切りにして細切りにする。長ねぎはせん切りにする。豆腐は横半分に切る。

② 器に豆腐を盛り、混ぜ合わせたAをのせる。

キムチ納豆のっけ

材料と作り方（２人分）

木綿豆腐 ── 1丁

A | 白菜キムチ ── 50g
　| 納豆 ── 1パック（50g）

ごま油 ── 少々

① Aの白菜キムチは粗く刻む。

② 豆腐は２〜３㎝角に切って器に盛り、混ぜ合わせたAをのせ、ごま油をかける。

ささ身とセロリの塩昆布あえのっけ

材料と作り方（2人分）

木綿豆腐 ── 1丁
鶏ささ身 ── 3本
セロリ ── ½本
A｜酒 ── 小さじ1
　｜塩、こしょう ── 各少々
B｜塩昆布 ── 10g
　｜レモンの搾り汁、ごま油
　｜　── 各小さじ1

① ささ身は耐熱皿に入れてAをまぶし、ラップをして電子レンジで2分加熱する。そのまま冷まし、食べやすい大きさに裂く。セロリは斜め薄切りにする。

② ボウルに①、Bを入れて混ぜる。

③ 豆腐は横半分に切って器に盛り、②をのせる。

カロリーオフのボリュームやっこ

鶏ひき肉の高菜炒めのっけ

材料と作り方（２人分）

絹ごし豆腐 ── 1丁
高菜漬け ── 50g
鶏ひき肉 ── 100g
サラダ油 ── 小さじ1
赤唐辛子の小口切り ── 1本分
A｜酒 ── 大さじ½
　｜しょうゆ ── 小さじ1

① 高菜漬けはみじん切りにする。

② フライパンにサラダ油を中火で熱し、赤唐辛子を入れて炒める。香りが立ったらひき肉を加えてぱらりとなるまで炒め、高菜漬けを加えて炒め合わせ、Aを加えてさっと炒める。

③ 豆腐は縦横4等分に切って耐熱皿に入れ、ラップをして電子レンジで2分加熱する。器に盛り、②をのせる。

ゆで卵、トマト、ザーサイのっけ

材料と作り方（２人分）

木綿豆腐 ── 1丁
卵（常温に戻す） ── ２個
トマト ── ½個
味つけザーサイ ── 30g
塩、ラー油 ── 各少々

① 卵は熱湯に入れて7分ゆで、水に取り、殻をむいて輪切りにする。トマトは3～4㎜厚さの半月切りにする。ザーサイはみじん切りにする。

② 豆腐は横半分に切って厚みを３等分に切り、器に盛り、塩をふり、トマト、ゆで卵をのせ、ザーサイを散らし、ラー油をかける。

ベーコンとほうれん草炒めのっけ

材料と作り方（２人分）

木綿豆腐 ── 1丁
スライスベーコン ── 1枚
ほうれん草 ── 150g
オリーブオイル ── 小さじ1
A ｜塩、しょうゆ ── 各小さじ⅓
　｜こしょう ── 少々

① ベーコンは5㎜幅に切る。ほうれん草は熱湯でゆでて水に取り、水気を絞って3㎝長さに切る。

② フライパンにオリーブオイルを中火で熱し、ベーコンを入れて炒め、香りが立ったらほうれん草を加えて炒め、Aを加えてさっと炒める。

③ 豆腐は7～8㎜角、5㎝長さの棒状に切って耐熱皿に入れ、ラップをして電子レンジで２分加熱する。器に盛り、②をのせる。

豚キムチのっけ

材料と作り方（2人分）

木綿豆腐 ── 1丁
豚バラ薄切り肉 ── 100g
白菜キムチ ── 80g
にら ── 2本
サラダ油 ── 小さじ1
マヨネーズ ── 大さじ1/2
しょうゆ ── 小さじ1

① 豚肉は3〜4㎝長さに切る。白菜キムチは細切りにする。にらは3㎝長さに切る。

② フライパンにサラダ油を中火で熱し、豚肉を入れて炒め、色が変わったらしょうゆを加えて炒りつける。白菜キムチ、マヨネーズ、にらを加えてさっと炒める。

③ 豆腐は横4等分に切って器に盛り、②をのせる。

わかめナムルと温泉卵のっけ

材料と作り方（2人分）

木綿豆腐 ── 1丁
カットわかめ ── 大さじ2
A ｜ 長ねぎのみじん切り ── 3㎝分
　｜ にんにくのすりおろし ── 少々
　｜ ごま油 ── 大さじ1/2
　｜ 塩 ── 小さじ1/4
温泉卵 ── 2個
長ねぎ（青い部分）のみじん切り
　── 少々

① わかめは袋の表示通りに戻し、水気を絞る。ボウルに入れ、Aを加えてあえる。

② 豆腐は大きいスプーンですくって器に盛り、①、温泉卵をのせ、長ねぎのみじん切りを散らす。

豚しゃぶとベビーリーフのっけ

材料と作り方（2人分）

絹ごし豆腐 ── 1丁
豚ロースしゃぶしゃぶ用肉 ── 100g
ベビーリーフ ── 1/2パック
A
- すり白ごま ── 大さじ1
- しょうがのすりおろし、にんにくのすりおろし ── 各1/2かけ分
- しょうゆ、酢 ── 各大さじ1
- 砂糖 ── 小さじ1/3

① 豆腐は6等分に切る。

② 鍋に熱湯を沸かし、豚肉を入れてゆで、ザルに上げて水気をきる。

③ 器に豆腐を盛り、ベビーリーフ、②をのせ、混ぜ合わせたAをかける。

ガーリックチキンのっけ

材料と作り方（2人分）

木綿豆腐 ── 1丁
鶏胸肉（皮なし）── 小1枚
にんにくのみじん切り ── 1かけ分
オリーブオイル ── 大さじ1/2
赤唐辛子（半分に切る）── 1本
白ワイン ── 大さじ1
A｜塩 ── 小さじ1/3
　｜パセリのみじん切り ── 大さじ1

① 豆腐は横半分に切る。鶏肉は7〜8㎜幅のそぎ切りにする。

② フライパンにオリーブオイル、にんにくを入れて弱火にかけ、香りが立ったら赤唐辛子、鶏肉を入れ、鶏肉に火が通るまで炒める。白ワインを加え、アルコールを飛ばしながら炒め、Aを加えてさっと混ぜる。

③ 器に豆腐を盛り、②をのせる。

あじの干物の香味野菜あえのっけ

材料と作り方（2人分）

木綿豆腐 ── 1丁
あじの干物（小）── 1枚
A｜しょうがのせん切り ── 1かけ分
　｜みょうがのせん切り ── 1個分
　｜青じそのせん切り ── 4枚分
　｜しょうゆ ── 小さじ1
酒 ── 小さじ1

① 豆腐は横半分に切る。

② あじの干物は酒をふる。魚焼きグリルを熱し、あじの干物を入れて中火で7〜8分焼く。粗熱を取り、頭、骨を除いて身をほぐす。ボウルに入れ、Aを加えてあえる。

③ 器に豆腐を盛り、②をのせる。

きのこ入り牛しぐれ煮のっけ

材料と作り方（2人分）

絹ごし豆腐 ── 1丁
牛切り落とし肉 ── 100g
しめじ ── 1パック
A｜しょうがのせん切り ── 1かけ分
　｜酒 ── 大さじ1
　｜砂糖 ── 大さじ1/2
B｜しょうゆ ── 大さじ1
　｜みりん ── 大さじ1/2

① 豆腐は横半分に切る。しめじは小房に分ける。

② 鍋にAを入れて中火にかけ、煮立ったら牛肉を入れ、火が通るまで煮て、肉を取り出す。同じ鍋にしめじ、Bを加えて中火で3〜4分煮て、牛肉を戻し入れてからめる。

③ 器に豆腐を盛り、②をのせ、あれば粉ざんしょうをふる。

バンバンジーのっけ

材料と作り方（2人分）

木綿豆腐 ── 1丁
鶏ささ身 ── 3本
A｜酒 ── 小さじ1
　｜塩、こしょう ── 各少々
きゅうり ── 1本
B｜にんにくのみじん切り、しょうがのみじん切り
　｜　── 各1かけ分
　｜練り白ごま ── 大さじ1
　｜酢、しょうゆ ── 各小さじ2
　｜砂糖、ラー油 ── 各小さじ½

① 豆腐は大きいスプーンですくって器に盛る。
② ささ身は耐熱皿に入れてAをからめ、ラップをして電子レンジで2分加熱する。そのまま冷まし、食べやすく裂く。きゅうりはめん棒でたたいてひびを入れ、ひと口大に割る。
③ ①の器にささ身、きゅうりをのせ、混ぜ合わせたBをかける。

まぐろのユッケ風のっけ

材料と作り方（2人分）

絹ごし豆腐 ── 1丁
まぐろ（刺身用さく） ── 100g
A｜にんにくのすりおろし、塩 ── 各少々
　｜しょうゆ、ごま油 ── 各小さじ2
　｜砂糖 ── 小さじ½
卵黄 ── 2個分
万能ねぎの小口切り ── 2本分

① 豆腐は横半分に切る。
② まぐろは7〜8㎜角の棒状に切り、ボウルに入れ、Aを加えてあえる。
③ 器に豆腐を盛り、②をのせ、中央をくぼませて卵黄をのせ、万能ねぎを散らし、残った②のたれをかける。

ゆで豚とにら、もやしのっけ

材料と作り方（2人分）

木綿豆腐 ── 1丁
豚ロースしゃぶしゃぶ用肉
　── 100g
もやし ── ½袋
にら ── ½束
A｜しょうゆ
　｜　── 小さじ2
　｜練り辛子、酢
　｜　── 各小さじ1
　｜ごま油
　｜　── 小さじ½

① 鍋に塩少々（分量外）を入れた熱湯を沸かし、もやし、細切りにしたにらを入れてさっとゆで、ザルに上げて水気をきる。続けて豚肉を入れてゆで、ザルに上げて水気をきる。豚肉と野菜を混ぜ合わせる。
② 器に豆腐を盛り、①をのせ、混ぜ合わせたAをかける。

韓国風 そぼろのっけ

材料と作り方（2人分）

木綿豆腐 ── 1丁
合いびき肉 ── 100g
A
- にんにくのすりおろし ── 1かけ分
- すり白ごま、しょうゆ ── 各大さじ1
- 砂糖、酒、ごま油 ── 各小さじ1

もやし ── ½袋
B
- 塩 ── 小さじ¼
- 水 ── 大さじ1

粗びき赤唐辛子 ── 適量

① 豆腐は6等分にスライスする。

② フライパンにひき肉、Aを入れて混ぜてから中火にかけ、ひき肉がぽろぽろになるまで炒める。

③ もやしは耐熱ボウルに入れ、Bを加え、ラップをして電子レンジで4分加熱し、水気をきる。

④ 器に豆腐を盛り、③、②の順にのせ、粗びき赤唐辛子をふる。

帆立とまいたけのオイスター炒めのっけ

材料と作り方（２人分）

絹ごし豆腐 ── 1丁
帆立貝柱 ── 4個
A｜酒、片栗粉 ── 各小さじ1
　｜塩、こしょう ── 各少々
まいたけ ── ½パック
B｜にんにくのすりおろし ── 少々
　｜オイスターソース、酒
　｜　── 各大さじ1
　｜しょうゆ ── 小さじ1
サラダ油 ── 小さじ1½
香菜 ── 適量

① 帆立は2〜3等分のそぎ切りにし、Aをもみ込む。まいたけは小房に分ける。

② フライパンにサラダ油小さじ1を熱し、まいたけを入れてさっと炒め、取り出す。フライパンに残りのサラダ油を入れて中火で熱し、①の帆立を入れて両面をこんがり焼き、まいたけを戻し入れ、混ぜ合わせたBを加えて炒める。

③ 器に豆腐を盛り、②をのせ、香菜を添える。

鮭フレークのみそバター風味のっけ

材料と作り方（２人分）

木綿豆腐 ── 1丁
鮭フレーク ── 50g
A｜しょうがのすりおろし
　｜　── 1かけ分
　｜酒、水 ── 各大さじ1
　｜みそ ── 小さじ1
キャベツ ── 1枚
七味唐辛子 ── 少々
バター ── 5g

① 豆腐は手でちぎる。

② 耐熱ボウルに鮭フレーク、Aを入れてラップをして電子レンジで1分加熱し、混ぜる。

③ キャベツはせん切りにする。

④ 器に豆腐を盛り、キャベツ、②の順にのせ、七味唐辛子をふり、バターをのせる。

チョリソーのフレッシュサルサのっけ

材料と作り方（2人分）

木綿豆腐 ── 1丁
チョリソー ── 2本
A | トマト ── 小1個
　紫玉ねぎ ── 1/6個
　青唐辛子（または赤唐辛子の小口切り少々） ── 1本
　白ワインビネガー ── 小さじ1
　塩、砂糖 ── 各小さじ1/3

① 豆腐は横半分に切り、1cm厚さに切る。
② チョリソーは斜め切りにし、耐熱皿に入れ、ラップをして電子レンジで1分加熱する。Aのトマト、紫玉ねぎ、青唐辛子はみじん切りにする。
③ 器に豆腐を盛り、チョリソーをのせ、混ぜ合わせたAをかける。

豚肉のナンプラー炒めのっけ

材料と作り方（2人分）

絹ごし豆腐 ── 1丁
豚薄切り肉 ── 100g
玉ねぎ ── 1/8個
赤ピーマン ── 1個
A | しょうがのすりおろし、
　にんにくのすりおろし ── 各1かけ分
　ナンプラー、酒 ── 各小さじ2
　しょうゆ ── 小さじ1
　砂糖、豆板醤 ── 各小さじ1/2
サラダ油 ── 大さじ1/2
バジルの葉 ── 2枝分

① 豆腐は大きいスプーンですくって器に盛る。豚肉は3〜4cm長さに切る。玉ねぎは5mm幅のくし形切りにする。赤ピーマンは5mm幅の細切りにする。
② フライパンにサラダ油を中火で熱し、豚肉、玉ねぎ、赤ピーマンを入れて炒め、肉の色が変わったら混ぜ合わせたAを加え、バジルもちぎって加えて炒める。
③ ①の豆腐に②をのせる。

わたしのお気に入りのおいしい豆腐

ふだん家庭では、スーパーで手に入って、大豆の味がしっかり味わえるもぎ豆腐店の「三之助とうふ」や島田食品の大袖振大豆の豆腐を愛用していますが、たまにざる豆腐が食べたくなると、唐津の川島豆腐店から取り寄せています（写真左）。

佐賀県唐津市に旅行に行ったとき訪ねたのが、川島豆腐店が営んでいる「豆腐料理かわしま」です。こちらは予約すると豆腐やおから、湯葉などを使った朝食がいただけるお店。評判は聞いていたのですが、さすが絶品でした。

豆乳からはじまり、ざる豆腐、おから、湯葉など、どれもその日の朝に作ったものばかり。厚揚げは目の前で揚げてくれるもので、サクサクのふわふわ。大豆の風味と甘みが堪能できて、忘れられない味です。

お問い合わせ先

（上から）島田食品　☎049-251-5764　もぎ豆腐店　0120-102-312　川島豆腐店　0120-72-2423

Part Ⅱ

巻いて、はさんで
焼いて、混ぜて
変幻自在の
ヘルシー
メインおかず

野菜や肉で巻いたりはさんだり、
ひき肉に混ぜ込んだり、ソテーしたり。
形を自由に変えられる豆腐は、いつものおかずを
ヘルシーにアレンジするのに欠かせない食材です。
わが家の定番となっている、ボリューム満点、
でも、カロリー&糖質を無理なくオフした
メインおかず。ぜひ、お試しください。

定番おかずに、豆腐をプラス。胃にもたれなくて、糖質オフもラクラクです。

豚カツ、グラタン、ハンバーグ、豚の角煮……。
家庭料理の大定番のおかずって、カロリーが高いと
わかっていても、やっぱりおいしいですよね（笑）。
そこで、カロリーが気になる定番おかずに
豆腐をプラスしてみたら、これがとってもおいしかった！
ひき肉ダネの、豆腐の形が残るようにする岩石タイプ（次ページ写真a）は
肉らしさと豆腐のなめらかさの対比が楽しいですし、
なめらかに混ぜるふんわりタイプ（同写真b）は、優しい食感と
豆腐のうまみがしっかり味わえて、納得の味わいに。
ハンバーグダネは、パン粉を入れなくても食感よく
できるので、糖質オフができるのも大発見でした。
野菜ではさんだり、巻いたりすれば
ボリュームアップできて、食物繊維も摂れますし、
下味をからめてソテーすれば、
食べごたえのあるステーキになります。
豆腐おかずは、肉にくらべて脂肪が少なくて
たんぱく質、ビタミン、ミネラルがしっかり補給できます。
キレイにやせたい方におすすめです。

a

b

わが家の定番
ステーキ、ハンバーグ、つくね

豆腐ステーキ エスニックサラダ仕立て

重し1kgで 30分

材料と作り方(2人分)

木綿豆腐 ── 1丁
殻つきえび ── 小10尾
きくらげ ── 10個
香菜 ── 3株
ミニトマト ── 6個
サニーレタス ── 2枚
A | 塩、こしょう ── 各少々
小麦粉 ── 適量
サラダ油 ── 大さじ1⅓
にんにくのみじん切り ── 1かけ分
赤唐辛子の小口切り ── 1本分
B | レモンの搾り汁 ── 大さじ1
　| 砂糖 ── 大さじ½
　| ナンプラー ── 大さじ1⅓

① 豆腐は縦半分に切り、端から1cm厚さに切る。えびは尾を残して殻をむき、背ワタを除く。きくらげは水で戻し、食べやすい大きさに切る。香菜は葉と茎に分け、茎は2cm長さに切る。ミニトマトは半分に切る。サニーレタスは食べやすい大きさにちぎる。

② 豆腐にAをふり、小麦粉をまぶす。フライパンにサラダ油大さじ1を中火で熱し、豆腐を入れて両面をこんがり焼いて取り出す。

③ ②のフライパンに残りのサラダ油を入れて中火で熱し、にんにく、赤唐辛子を入れて炒め、香りが立ったらえび、きくらげを加え、えびに火が通るまで炒める。ミニトマト、香菜の茎、Bを加えてさっと炒める。

④ 器にサニーレタスを敷いて②、③を盛り、香菜の葉をのせる。

豆腐の煮込みハンバーグ

重し1kgで 30分

材料と作り方（２人分）

木綿豆腐 ── 1丁
合いびき肉 ── 100g
A
- 玉ねぎのみじん切り ── 1/4個分
- 卵(小) ── 1個
- 松の実 ── 大さじ2
- 塩 ── 小さじ1/3
- こしょう ── 少々

オリーブオイル ── 大さじ1
B
- トマトの水煮缶(カット状) ── 1缶(400g)
- にんにくのすりおろし ── 1かけ分
- 赤ワイン ── 大さじ3

塩 ── 小さじ1
粗びき黒こしょう ── 適量

① ボウルにひき肉、Aを入れてよく練り混ぜ、豆腐を加え、なめらかになるまで混ぜる。２等分し、円形に整える。

② フライパンにオリーブオイルを熱し、強めの中火にして①を入れ、両面をこんがり焼く。Bを加え、煮立ったらアクを除き、塩を加え、フタをして15〜20分煮る。

③ 器に②を盛り、粗びき黒こしょうをふる。

豆腐のつくね梅肉ソース

重し2kgで 180分

材料と作り方（２人分）

木綿豆腐 ── 1丁
豚ひき肉 ── 100g
A
- 卵(小) ── 1個
- 長ねぎのみじん切り ── 10cm分
- しょうがのすりおろし ── 1かけ分
- 片栗粉 ── 大さじ2
- 塩 ── 小さじ1/5
- こしょう ── 少々

サラダ油 ── 大さじ1
B
- 梅干し ── 2個
- 酒 ── 大さじ2
- みりん ── 大さじ1
- しょうゆ ── 小さじ1/2
- 塩 ── 小さじ1/4

わけぎ ── 1本

① 梅干しは種を除いてたたく。

② ボウルにひき肉、Aを入れてよく練り混ぜ、豆腐を加えてなめらかになるまで混ぜる。４等分し、小判形に整える。

③ フライパンにサラダ油を中火で熱し、②を入れて両面を４〜５分ずつ焼き、器に盛る。

④ フライパンの汚れをふき取り、Bを入れて中火にかけ、煮立ったら火を止める。

⑤ ③に④をかけ、小口薄切りにして水にさらしたわけぎを添える。

豆腐ハンバーグ和風あんかけ

材料と作り方（２人分）

木綿豆腐 ── 1丁
あおさ(乾燥) ── ふたつまみ
鶏ひき肉 ── 100g
A｜卵(小) ── 1個
　｜玉ねぎのみじん切り ── ¼個分
　｜塩 ── 小さじ⅕
　｜こしょう ── 少々
サラダ油 ── 大さじ1
B｜だし ── 1カップ
　｜しょうゆ ── 大さじ½
　｜塩 ── 小さじ½
C｜だし ── 大さじ1⅓
　｜片栗粉 ── 小さじ2
わさびのすりおろし ── 少々

① あおさは水にさっとくぐらせて水気を絞る。

② ボウルに豆腐、ひき肉を入れてよく練り混ぜ、Aを加えて混ぜる。２等分し、円形に整える。

③ フライパンにサラダ油を中火で熱し、②を入れてフタをして両面を6分ずつ焼く。

④ 鍋にBを入れて中火にかけ、煮立ったら混ぜ合わせたCを加えてとろみをつける。

⑤ 器に③を盛り、あおさをのせてから④をかけ、わさびをのせる。

豆腐と魚のすり身の磯辺焼き

材料と作り方（２人分）

木綿豆腐 ── ½丁
大和芋 ── 50g
焼きのり ── 全形1枚
A｜白身魚のすり身 ── 100g
　｜溶き卵 ── ½個分
しょうゆ ── 小さじ1
塩 ── 小さじ¼
サラダ油 ── 適量
わさびのすりおろし ── 少々

① 大和芋はすりおろす。焼きのりは半分に切る。

② フードプロセッサーに豆腐、Aを入れてなめらかになるまで撹拌し、大和芋、しょうゆ、塩を加えてさらに撹拌する。

③ ②を2等分してのりにぬり、3等分に切る。

④ フライパンにサラダ油を5㎜深さほど入れて中火で熱し、③をのりを下にして入れてときどき上下を返しながらキツネ色になるまで6～7分ほど揚げる。

⑤ 器に④を盛り、わさびを添える。

豆腐つくね ピリ辛だれ

材料と作り方（2人分）

木綿豆腐 ── 1丁
合いびき肉 ── 100g
A
- 長ねぎのみじん切り ── 1/3本分
- 片栗粉 ── 大さじ2
- 酒 ── 小さじ1
- 塩 ── 少々

B
- みりん ── 大さじ2
- 酒 ── 大さじ1
- 塩、豆板醤 ── 各小さじ1/2

サラダ油 ── 大さじ1
スプラウト ── 1/2パック

① ボウルにひき肉、Aを入れてよく練り混ぜ、豆腐を加えてなめらかになるまで練る。6等分して小判形に整える。

② フライパンにサラダ油を中火で熱し、①を入れて両面を5分ずつ焼く。油をふき取り、混ぜ合わせたBを加えてからめる。

③ 器に②を盛り、スプラウトをのせる。

豆腐ステーキ アンチョビ きのこソース

材料と作り方（2人分）

木綿豆腐 ── 2丁
A
- にんにくのすりおろし ── 1かけ分
- しょうゆ ── 大さじ1/2

マッシュルーム ── 1パック
アンチョビ（フィレ）── 4枚
オリーブオイル ── 大さじ2
玉ねぎのみじん切り ── 1/4個分
白ワイン ── 大さじ2
バター ── 10g

B
- 塩 ── 小さじ1/3
- こしょう ── 少々

小麦粉 ── 適量
ルッコラ ── 1束(40g)
粗びき黒こしょう ── 適量

① 豆腐は厚みを半分に切り、混ぜ合わせたAをからめておく。マッシュルームは4等分の薄切りにする。アンチョビはちぎる。

② 豆腐の汁気をふき取り、小麦粉をまぶす。フライパンにオリーブオイル大さじ1を中火で熱し、豆腐を入れて両面にこんがり焼き色がつくまで計10〜15分焼き、器に盛る。

③ ②のフライパンの汚れをふき取り、残りのオリーブオイルを入れて中火で熱し、玉ねぎを入れてしんなりするまで炒める。アンチョビを加えて炒め、マッシュルームを加えてしんなりするまで炒め、白ワインを加え、煮立ったらバター、Bを加える。

④ ②に③をかけ、粗びき黒こしょうをふり、ルッコラを添える。

豆腐の中華風ひき肉のせステーキ

材料と作り方（2人分）

木綿豆腐 ── 1丁
豚ひき肉 ── 100g
A
しょうがのすりおろし ── 1かけ分
長ねぎのみじん切り ── 1/4本分
酒 ── 大さじ1/2
片栗粉 ── 小さじ1
砂糖、しょうゆ ── 各小さじ1/2
塩 ── 少々
片栗粉 ── 適量
サラダ油 ── 大さじ1

B
顆粒鶏がらスープの素 ── 小さじ1/3
砂糖、酢 ── 各小さじ2
片栗粉 ── 大さじ1/2
しょうゆ ── 小さじ1
塩 ── 小さじ1/3
水 ── 3/4カップ
香菜 ── 適量

① 豆腐は厚みを半分に切り、それぞれ上面に片栗粉をまぶす。

② ボウルにひき肉、Aを入れてよく練り混ぜ、豆腐の上に半量ずつ平らにのせ、横3等分に切る。

③ フライパンにサラダ油を中火で熱し、②を肉ダネを下にして入れて5～6分焼き、上下を返してさらに3～4分焼き、器に盛る。

④ 鍋にBを入れて中火にかけ、混ぜながらとろみがつくまで煮る。

⑤ ③に④をかけ、ちぎった香菜をのせる。

豆腐のチーズ入りつくね

重し2kgで 180分

材料と作り方（２人分）

木綿豆腐 —— 1丁
プロセスチーズ —— 60g
鶏ひき肉 —— 100g
A ｜ 玉ねぎのみじん切り —— 1/4個分
　｜ 片栗粉 —— 大さじ2
　｜ 酒 —— 小さじ1
　｜ 塩 —— 少々
サラダ油 —— 大さじ1
白ワイン —— 大さじ1
B ｜ 塩 —— 小さじ1/3
　｜ こしょう —— 少々
レタス —— 1/4個

① チーズは6等分の棒状に切る。ボウルに豆腐、ひき肉を入れてよく練り混ぜ、Aを加えて混ぜる。6等分して円形に広げ、中央にチーズを1切れずつ入れて小判形に整える。

② フライパンにサラダ油を中火で熱し、①を入れて両面を5分ずつ焼く。白ワインを加えてアルコールを飛ばし、Bを加えてからめる。

③ 器にレタスをちぎって敷き、その上に②を盛る。

豆腐のエスニックハンバーグ

重し1kgで 30分

材料と作り方（２人分）

木綿豆腐 —— 1丁
豚ひき肉 —— 100g
A ｜ 万能ねぎの小口切り —— 5本分
　｜ にんにくのみじん切り —— 1かけ分
　｜ ナンプラー —— 小さじ2
　｜ 片栗粉 —— 小さじ1
　｜ 砂糖、豆板醤 —— 各小さじ1/2
　｜ こしょう —— 少々
サラダ油 —— 大さじ1
きゅうり —— 1/2本
トマト —— 1個

① ボウルに豆腐、ひき肉を入れてよく練り混ぜ、Aを加えて混ぜる。2等分し、小判形に整える。

② フライパンにサラダ油を中火で熱し、①を入れて両面を6分ずつ焼く。

③ 器に②を盛り、斜め薄切りにしたきゅうり、くし形切りにしたトマトを添える。

高カロリーおかずは、糖質オフして安心

豆腐のラザニア

重し2kgで 180分

材料と作り方（2人分）

木綿豆腐 ── 1丁
合いびき肉 ── 150g

A
- 玉ねぎのすりおろし ── 1/6個分
- にんじんのすりおろし、セロリのすりおろし ── 各1/4本分
- しょうがのすりおろし、にんにくのすりおろし ── 各1かけ分
- 白ワイン ── 大さじ1

B
- トマトピューレ ── 1/2カップ
- 塩 ── 小さじ1/2
- こしょう ── 少々

オレガノ（ドライ） ── 小さじ1
塩、こしょう ── 各少々
カッテージチーズ ── 100g
バター、小麦粉 ── 各適量

① 豆腐は12等分にスライスする。

② フライパンにひき肉、Aを入れてよく混ぜてから中火にかけ、ひき肉がぽろぽろになるまで炒める。Bを加え、水気がなくなるまで煮てオレガノを加える。

③ 豆腐に塩、こしょうをふり、小麦粉をごくうすくまぶす。耐熱皿にバターを塗り、豆腐4切れを並べ、②、カッテージチーズ各1/3量をかけ、同様にあと2回繰り返す。

④ 200℃に熱したオーブンに③を入れ、20〜25分焼く。

豆腐カツ

重し2kgで 180分

材料と作り方（2人分）

木綿豆腐 ── 1丁

A｜にんにくのすりおろし ── 1/2かけ分
　｜しょうゆ ── 小さじ1

高野豆腐 ── 1個

溶き卵 ── 1個分

揚げ油、中濃ソース、練り辛子（好みで）
　── 各適量

キャベツ ── 3枚

レモンのくし形切り ── 1/3個分

① 豆腐は横4等分に切り、Aをからめる。高野豆腐はすりおろす。

② 豆腐に溶き卵、高野豆腐の順に衣をつける。

③ 揚げ油を170℃に熱し、②を入れてこんがり揚げ色がつくまで4〜5分揚げる。

④ 器に③を盛り、せん切りにしたキャベツ、レモンを添え、中濃ソースをかけ、好みで練り辛子を添える。

豆腐の蒸しギョーザ風

重し2kgで 180分

材料と作り方（2人分）

木綿豆腐
　── 1丁

豚ひき肉 ── 100g

A｜しょうがのすりおろし、
　｜にんにくのすりおろし
　｜　── 各1かけ分
　｜しょうゆ、酒 ── 各小さじ1
　｜砂糖 ── 小さじ1/2
　｜ごま油 ── 小さじ1
　｜片栗粉 ── 大さじ1/2

万能ねぎ ── 2本

B｜酢、しょうゆ
　｜　── 各小さじ1

ラー油 ── 少々

① 豆腐は厚みを半分に切り、4等分に切る。1切れずつ1か所の角から中央まで切り込みを入れ、ポケット状にする。

② ボウルにひき肉、Aを順に入れてその都度よく混ぜる。8等分して豆腐のポケットの切り口に片栗粉（分量外）をつけ、肉を詰め、豆腐を上から軽く押してしっかりくっつける。

③ 耐熱皿に②を並べ、ラップをして電子レンジで5〜6分加熱する。

④ 器に③を盛り、斜め薄切りにした万能ねぎをのせ、混ぜ合わせたB、ラー油をかける。

豆腐とクリームチーズの落とし揚げ

重し2kgで 180分

材料と作り方（2人分）

木綿豆腐 ── ½丁
クリームチーズ ── 50g
あおさ（乾燥） ── 2g
A | 卵黄 ── 1個分
　| 小麦粉 ── 大さじ2
　| 塩 ── 小さじ¼
　| こしょう ── 少々
B | スライスハムのみじん切り ── 2枚分
　| 玉ねぎのみじん切り ── ¼個分
揚げ油 ── 適量

① あおさは水にさっとくぐらせて水気を絞る。フードプロセッサーに豆腐、クリームチーズを入れてなめらかになるまで撹拌し、Aを加えて再度、なめらかになるまで撹拌する。ボウルに移し入れ、あおさ、Bを加えてよく混ぜる。

② 揚げ油を180℃に熱し、①をスプーンですくって落とし入れ、ときどき返しながらこんがり揚げ色がつくまで2～3分揚げる。

豆腐の南蛮漬け

重し2kgで 180分

材料と作り方（2人分）

木綿豆腐 ── 1丁
ピーマン、赤ピーマン ── 各2個
高野豆腐 ── 1個
塩、こしょう ── 各少々
A | しょうがのせん切り ── 1かけ分
　| 赤唐辛子の小口切り ── 1本分
　| だし、酢 ── 各½カップ
　| しょうゆ ── 大さじ2
　| 砂糖 ── 大さじ1
溶き卵 ── 1個分
揚げ油 ── 適量

① ピーマン2種は繊維に直角なせん切りにし、耐熱ボウルに入れて電子レンジで2分加熱し、水気を絞る。高野豆腐はすりおろす。

② 鍋にAを入れて中火にかけ、煮立ったら火を止め、バットに移し入れ、ピーマン2種を加える。

③ 豆腐は縦半分に切り、端から1cm厚さに切る。塩、こしょうをふり、溶き卵をからめ、高野豆腐をまぶす。

④ 揚げ油を170℃に熱し、③を入れてこんがり揚げ色がつくまで4～5分揚げる。油をきり、熱いうちに②に漬け、20分おく。

豆腐えびチリ

材料と作り方（2人分）

絹ごし豆腐 — 1丁
殻つきえび — 10〜15尾
A しょうゆ、酒 — 各小さじ1
B 長ねぎのみじん切り — 1/3本分
　にんにくのみじん切り、しょうがのみじん切り — 各1かけ分
　豆板醤 — 小さじ1
C トマトケチャップ、しょうゆ、酒 — 各大さじ1
　砂糖、酢 — 各小さじ1
　水 — 1カップ
サラダ油 — 適量
D 片栗粉 — 小さじ1
　水 — 小さじ2

① えびは包丁かキッチンばさみで背に切り目を入れ、背ワタを除き、Aをからめて5分おく。フライパンにサラダ油大さじ1/2を入れて中火で熱し、汁気をふき取ったえびを入れ、えびの色が変わるまで焼いて取り出す。

② フライパンにサラダ油小さじ1を入れて中火で熱し、Bを入れて炒め、香りが立ったらCを加えてえびを戻し入れる。豆腐を大きいスプーンですくって入れ、6〜7分煮て、混ぜ合わせたDを加えてとろみをつける。

豆腐と干ししいたけ、牛肉のオイスターソース煮

材料と作り方（2人分）

木綿豆腐 — 1丁
干ししいたけ — 4枚
牛切り落とし肉 — 100g
A しょうゆ、酒 — 各小さじ1
　片栗粉 — 小さじ1
長ねぎ — 1/2本
青梗菜 — 1株
サラダ油 — 大さじ1/2
しょうがの薄切り — 1かけ分
B オイスターソース、酒 — 各大さじ1
　砂糖、しょうゆ — 各小さじ1
　干ししいたけの戻し汁 — 1カップ
C 片栗粉 — 小さじ1
　水 — 小さじ2
ごま油 — 少々

① 豆腐は縦半分に切ってから横8等分に切る。干ししいたけは水で戻し、軸を除いて半分のそぎ切りにする。牛肉は一口大に切り、Aを順にもみ込む。長ねぎは3cm長さに切る。青梗菜は縦4つ割りにし、塩少々（分量外）を入れた熱湯でゆで、ザルに上げて水気をきる。

② フライパンにサラダ油を入れて中火で熱し、長ねぎ、しょうがを入れて炒め、香りが立ったら牛肉を加えてさっと炒め、しいたけも炒める。

③ ②にB、豆腐を加えて4〜5分煮て、青梗菜を加え、混ぜ合わせたCを加えてとろみをつける。仕上げにごま油を加える。

豆腐メンチ

材料と作り方（2人分）

木綿豆腐 ── ½丁
合いびき肉 ── 150g
A｜玉ねぎのみじん切り ── ¼個分
　｜塩 ── 小さじ¼
　｜こしょう ── 少々
小麦粉 ── 適量
溶き卵 ── 1個分
高野豆腐 ── 1個
サラダ油 ── 適量
クレソン ── 1束
中濃ソース（好みで） ── 適量

① 高野豆腐は熱湯に浸して戻し、粗熱が取れるまでおき、水気を絞ってそぼろ状にほぐす。

② ボウルに豆腐、ひき肉を入れてなめらかになるまで混ぜ、Aを加えて混ぜる。4等分し、小判形に整える。小麦粉、溶き卵、高野豆腐の順に衣をつける。

③ フライパンにサラダ油を1cm深さほど入れて170℃に熱し、②を入れて5〜6分こんがり揚げる。

④ 器に③を盛り、クレソンを添え、好みで中濃ソースをかける。

揚げ豆腐のアラビアータ

材料と作り方（2人分）

木綿豆腐 ── 1丁
塩 ── 小さじ1
小麦粉 ── 適量
オリーブオイル ── 大さじ2
にんにくのみじん切り ── 1かけ分
玉ねぎのみじん切り ── ¼個分
赤唐辛子 ── 3本
トマトの水煮缶（カット状） ── 1缶（400g）
黒オリーブ（種抜き、輪切り） ── 20g
サラダ油 ── 適量

① 豆腐は1cm角、4cm長さの棒状に切る。赤唐辛子は半分に切る。

② フライパンにオリーブオイル、にんにくを入れて弱火にかけ、香りが立ったら赤唐辛子、玉ねぎを入れてしんなりするまで炒める。トマトの水煮、黒オリーブ、塩小さじ½を加え、4〜5分煮る。

③ 豆腐に塩小さじ½をふって小麦粉をうすくまぶす。フライパンにサラダ油を1cm深さほど入れて180℃に熱し、豆腐を入れて色づいてカリッとするまで揚げ焼きにする。

④ 器に③を盛り、②をかける。

豆腐と豆乳のグラタン

重し1kgで 30分

材料と作り方（2人分）

絹ごし豆腐 ── 1丁
殻つきえび ── 10〜15尾
オリーブオイル ── 大さじ1
玉ねぎの粗みじん切り ── 1/4個分
A｜白ワイン ── 大さじ1/2
　｜塩、こしょう ── 各少々
小麦粉 ── 大さじ1
豆乳 ── 1カップ
B｜高野豆腐 ── 1/2個
　｜ごま油 ── 小さじ1
塩 ── 小さじ1/2

① えびは殻、背ワタを除き、2〜3等分に切る。耐熱皿に入れてAをふり、ラップをして電子レンジで1分30秒加熱する。蒸し汁は取り分けておく。Bの高野豆腐はすりおろす。

② フライパンにオリーブオイルを中火で熱し、玉ねぎを入れて透き通るまで炒める。小麦粉を加え、弱火で粉っぽさがなくなるまで炒め、豆乳を少しずつ加えてのばし、①の蒸し汁、塩を加える。

③ 豆腐はペーパータオルで包んで耐熱皿に入れ、電子レンジで2分加熱する。

④ グラタン皿に豆腐を大きくちぎって入れ、えびをのせ、②をかけ、混ぜ合わせたBを散らす。220℃のオーブンで10〜15分焼く。

豆腐のかに玉あんかけ

重しなしで 10分

材料と作り方（2人分）

絹ごし豆腐 ── 小1丁(200g)
かにの身 ── 50g
卵 ── 3個
塩、こしょう ── 各少々
A｜酢 ── 大さじ1
　｜砂糖、酒 ── 各小さじ2
　｜しょうゆ ── 小さじ1
　｜顆粒鶏がらスープの素 ── 小さじ1/2
　｜塩 ── 小さじ1/3
　｜水 ── 1カップ
B｜片栗粉 ── 小さじ2
　｜水 ── 大さじ1 1/3
サラダ油 ── 大さじ2

① かにの身は軟骨を除いてほぐす。豆腐はちぎる。

② ボウルに卵を割りほぐし、豆腐、かにの身、塩、こしょうを加えて混ぜる。

③ 直径20cmのフライパンにサラダ油を強火で熱し、②を流し入れ、大きく混ぜて8割ほど火を通す。平皿をかぶせてフライパンごと上下を返し、すべらせて戻し入れ、火が通るまで焼き、器に盛る。

④ ③のフライパンに混ぜ合わせたAを入れて中火にかけ、煮立ったら混ぜ合わせたBを加えてとろみをつけ、③にかける。

豆腐の仏手白菜

重し2kgで
180分

材料と作り方（２人分）

木綿豆腐 ── ½丁
白菜 ── ８枚
豚ひき肉 ── 100g

A ｜長ねぎのみじん切り ── ¼本分
　｜酒 ── 大さじ½
　｜塩 ── 小さじ⅕
　｜しょうゆ ── 小さじ½
　｜片栗粉 ── 小さじ１

B ｜塩 ── 小さじ⅕
　｜酒 ── 小さじ１

C ｜酢、しょうゆ ── 各適量
練り辛子 ── 適量

① 白菜は葉の部分を除き、芯だけにする。鍋に熱湯を沸かし、芯を入れて柔らかくなるまでゆで、ザルに上げ、粗熱が取れたら水気を絞る。

② ボウルにひき肉、豆腐を入れてよく練り混ぜ、Aを加えてなめらかになるまで混ぜる。

③ 白菜の芯を広げ、中央に６〜７本、縦に切り目を入れる(a)。芯１枚につき②を⅛量ずつ丸めて中央にのせ、芯を半分に折りたたんで包む(b)。

④ 耐熱皿に白菜の葉を敷いて③を並べ、混ぜ合わせたBをかけ、ラップをかけて電子レンジで10分加熱する。

⑤ 器に④を盛り、混ぜ合わせたC、練り辛子を添える。

a

b

巻いてはさんで、ボリュームアップ

豆腐の豚肉巻き照り焼き

重し2kgで 180分

材料と作り方（2人分）

木綿豆腐 ── 1丁
塩、こしょう ── 各少々
豚バラ薄切り肉 ── 8枚（100g）
ししとう ── 10個
サラダ油 ── 大さじ½
A　しょうゆ、酒 ── 各大さじ1½
　　砂糖、みりん ── 各小さじ2

① 豆腐は横4等分に切り、塩、こしょうをふり、1切れずつ豚肉2枚で豆腐がかくれるようにらせん状に巻く。

② フライパンにサラダ油を中火で熱し、①の巻き終わりを下にして入れ、両面をこんがり焼く。

③ フライパンの油をふき取り、ししとう、混ぜ合わせたAを加えて煮立て、からめる。

豆腐とハムのロールキャベツ

重し2kgで 180分

材料と作り方（2人分）

木綿豆腐 ── 1丁
キャベツ ── 外葉8枚
プロセスチーズ ── 40g
A　塩 ── 小さじ¼
　　こしょう ── 少々
スライスハム ── 4枚
B　ローリエ ── 1枚
　　キャベツのゆで湯 ── 1カップ
　　白ワイン ── 大さじ1
塩 ── 小さじ½
粗びき黒こしょう ── 少々

① 鍋に熱湯を沸かし、キャベツの葉を入れて柔らかくなるまでゆで、ザルに上げて粗熱を取る。ゆで湯1カップはとり分けておく。まな板に広げて葉脈をたたいてつぶし、大小2枚を少し重なるように組み合わせて4組作る。プロセスチーズは4等分に切る。

② 豆腐は4等分に切り、それぞれ長辺から切り込みを入れる。1切れずつプロセスチーズ¼量をはさみ、Aをふる。

③ キャベツ1組にハムを1枚ずつのせ、その上に②をのせ、両端を内側に折り込みながら巻き、巻き終わりを楊枝で留める。

④ 鍋に③を並べ、Bを加えて中火にかけ、20分ほど煮て塩を加える。

⑤ 器に④を盛り、粗びき黒こしょうをふる。

豆腐とひき肉の角煮風

重し2kgで 180分

材料と作り方（2人分）

- 木綿豆腐 ── 1丁
- 豚ひき肉 ── 100g
- A
  - しょうがのすりおろし ── 1かけ分
  - 酒、水 ── 各大さじ1
  - しょうゆ ── 小さじ1
  - 片栗粉 ── 小さじ2
- 片栗粉 ── 適量
- サラダ油 ── 大さじ1
- B
  - だし ── 1カップ
  - しょうゆ ── 大さじ1½
  - 砂糖、みりん ── 各大さじ1
- C
  - 片栗粉 ── 小さじ2
  - だし ── 大さじ1⅓
- ほうれん草 ── 200g

① 豆腐は厚みを3等分に切る。

② ボウルにひき肉を入れてAを順に加えてその都度よく練り混ぜる。

③ 豆腐1切れの上面に片栗粉適量をふり、②の半量をのせて平らに広げる。片栗粉適量をふり、豆腐1切れをのせて片栗粉適量をふり、残りの②をのせて平らに広げる(a)。片栗粉適量をふり、豆腐1切れを重ね、軽く重しをして10分ほどおいてしっかりつけ、縦横4等分に切る。

④ フライパンにサラダ油を中火で熱し、③を入れて全面をこんがり焼く。Bを加えて7～8分煮て、混ぜ合わせたCを加えてとろみをつける。

⑤ ほうれん草は塩少々（分量外）を入れた熱湯でゆで、水に取って水気を絞り、3cm長さに切る。

⑥ 器に④を盛り、⑤を添える。

a

豆腐とサーモンのミルフィーユ蒸し

重し2kgで 180分

材料と作り方（2人分）

- 木綿豆腐 ── 1丁
- スモークサーモン ── 12枚
- 小麦粉、塩、こしょう ── 各適量
- レモンの輪切り ── 4枚
- 白ワイン ── 大さじ2

① 豆腐は厚みを4等分に切る。

② 豆腐1切れの上面に塩、こしょう、小麦粉適量をふり、スモークサーモン⅓量を並べ、再度小麦粉適量をふって豆腐1切れをのせる。残りも同様にして重ね、レモンをのせる。

③ 耐熱皿に②を入れて白ワインをふり、蒸気の上がった蒸し器に入れ、弱めの中火で10分蒸す。

豆腐と魚のすり身のれんこんはさみ揚げ

重し2kgで 180分

材料と作り方（2人分）

木綿豆腐 ── ½丁
れんこん（小） ── 1節

A
- 白身魚のすり身 ── 100g
- 酒 ── 大さじ½

B
- ごぼうのみじん切り、にんじんのみじん切り ── 各¼本分
- 砂糖、しょうゆ ── 各小さじ1

長ねぎのみじん切り ── ¼本分
片栗粉、揚げ油 ── 各適量

① Bは耐熱カップに入れ、ラップをして電子レンジで3分加熱する。フードプロセッサーに豆腐、Aを入れてなめらかになるまで攪拌し、B、ねぎを加えて軽く攪拌する。

② れんこんは12枚の輪切りにし、片栗粉をまぶし、6枚にそれぞれ①の⅙量をのせて平らに広げ、残りのれんこんを重ねてはさむ。

③ 揚げ油を170℃に熱し、②を入れてこんがり揚げ色がつくまで5〜6分揚げる。

豆腐と白まいたけのシュウマイ風

重し2kgで 180分

材料と作り方（2人分）

木綿豆腐 ── ½丁
白まいたけ ── 1パック
豚ひき肉 ── 100g

A
- しょうゆ、酒 ── 各小さじ1
- 塩 ── 少々
- 砂糖 ── 小さじ½
- しょうがのすりおろし ── ½かけ分
- ごま油 ── 小さじ1

B
- 玉ねぎのみじん切り ── ¼個分
- 片栗粉 ── 大さじ1

片栗粉 ── 適量
しょうゆ、練り辛子（好みで） ── 各適量

① 白まいたけは細かく裂く。

② Bの玉ねぎは耐熱皿に入れてラップをして電子レンジで1分加熱し、ふきんで包んで水気を絞る。冷まして片栗粉をまぶす。

③ ボウルにひき肉を入れ、Aを順に加えてその都度よく練り混ぜ、②、豆腐を加えてよく混ぜる。8等分して団子状に整え、片栗粉をまぶし、まいたけをはりつける。

④ 耐熱皿に③を並べ、ラップをかけて電子レンジで8分加熱する。

⑤ 器に④を盛り、好みでしょうゆ、練り辛子を添える。

材料と作り方（作りやすい分量・4人分）

木綿豆腐 ── 1/2丁
にんじん ── 100g
塩、オリーブオイル ── 各適量
A | だし ── 1/2カップ
　| 塩 ── 小さじ1/4
卵 ── 2個

① にんじんは耐熱皿に入れ、ラップをして電子レンジで3分加熱し、すりおろし、オリーブオイル大さじ1と混ぜる。

② フードプロセッサーに豆腐を入れてなめらかになるまで撹拌し、①を加えてさらに撹拌する。

③ ボウルにAを入れて混ぜ、卵を割り入れて溶きほぐし、万能こし器でこしてから②を加えてよく混ぜる。

④ 13.5×14.5×4.5cm（800cc）のバットにクッキングシートを敷き、③を流し入れ、アルミ箔をかぶせる。蒸気の上がった蒸し器に入れ、強火で表面が白くなるまで2分蒸し、弱火にして15分ほど蒸す。取り出して冷ます。

⑤ ④をバットから取り出して食べやすく切り、器に盛って塩、オリーブオイルをかける。

豆腐のマリネ

材料と作り方（2人分）

重し2kgで
180分

木綿豆腐 ── 1丁
アボカド ── 1個
パプリカ（黄）── 1個
ミニトマト ── 10個
A | 紫玉ねぎ ── 1/4個
　| 白ワインビネガー ── 1/4カップ
B | 粒マスタード
　| ── 小さじ1
　| 塩 ── 小さじ1/3
　| オリーブオイル
　| ── 1/3カップ

① 豆腐は厚みを3等分に切り、一口大に切る。アボカドは1cm厚さに切る。パプリカは5mm幅に切る。ミニトマトは半分に切る。Aの紫玉ねぎは薄切りにする。

② バットにAを合わせて2〜3分おき、Bを加えて混ぜ、豆腐、アボカド、パプリカ、ミニトマトを入れ、30分以上漬ける。

美肌食材とあわせて肌もぷるぷるに

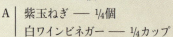

豆腐とブロッコリーの卵とじ

重しなしで 10分

材料と作り方（２人分）

絹ごし豆腐 ── １丁
ブロッコリー ── ½株
長ねぎ ── ¼本
A だし ── ½カップ
　しょうゆ、みりん ── 各小さじ１
　塩 ── 小さじ½
溶き卵 ── ２個分

① 豆腐は縦半分に切り、一口大に切る。ブロッコリーは小房に分ける。長ねぎは斜め薄切りにする。

② フライパンにA、豆腐、ブロッコリー、長ねぎを入れてフタをして弱めの中火にかけ、煮立ったら２〜３分煮る。溶き卵を回し入れてフタをしないで１分ほど煮て、再びフタをして卵に好みの加減に火が通るまで蒸らす。

豆腐とにんじんの卵豆腐

重し2kgで 180分

豆腐入り茶碗蒸し 銀あんかけ

重し1kgで 30分

材料と作り方（2人分）

絹ごし豆腐 — 1/2丁
卵 — 1個
A | だし — 1カップ
　| 塩、しょうゆ — 各小さじ1/4
B | だし — 1/2カップ
　| 塩 — 小さじ1/4
　| しょうゆ、みりん — 各小さじ1/2
C | 片栗粉 — 小さじ1/2
　| だし — 小さじ1
三つ葉 — 少々

① 豆腐は半分に切る。

② ボウルにAを入れて混ぜ、卵を割り入れて溶きほぐす。

③ 器2個に豆腐を1切れずつ入れて②を万能こし器でこしながら等分に流し入れ、アルミ箔をかぶせる。蒸気の上がった蒸し器に入れ、強火で上面が白くなるまで2〜3分蒸し、弱火にして10〜15分蒸す。

④ 鍋にBを入れて中火にかけ、煮立ったら混ぜ合わせたCを加えてとろみをつける。

⑤ ③に④をかけ、2cm長さに切った三つ葉をのせる。

豆腐入り茶碗蒸し あおさあん

重し1kgで 30分

材料と作り方（2人分）

絹ごし豆腐 — 1/2丁
卵 — 1個
A | だし — 1カップ
　| 塩、しょうゆ — 各小さじ1/4
あおさ（乾燥） — ふたつまみ
B | だし — 1/2カップ
　| 塩 — 小さじ1/4
　| しょうゆ、酒 — 各小さじ1/3
C | 片栗粉 — 小さじ1/2
　| だし — 小さじ1

① 「豆腐入り茶碗蒸し 銀あんかけ」の作り方①〜③まで同様にする。

② あおさはさっと水にくぐらせて水気を絞る。鍋にB、あおさを入れて中火にかけ、煮立ったら混ぜ合わせたCを加えてとろみをつける。

③ ①に②をかける。

つまみにも、おかずにも飲める豆腐おかず

自他ともに認める、お酒好きなので
毎日の晩酌は絶対欠かせません（笑）。
お酒でカロリーと糖質を摂っても
太らないよう、日々実践している
豆腐を使った安心おつまみです。
ごはんのおかずにもなるので、おつまみと
おかずを作り分ける手間も省けます。

Part Ⅲ

つまみを豆腐にしたら、肌にハリとつやが出てきました。

肥満防止のため、晩酌には野菜中心のおつまみを心がけてきましたが、豆腐を使ったカロリー低めのおつまみをよく食べるようにしたところ、肌にハリとつやが出てきたんです。

豆腐は、ビタミンE、B_1、B_2、ナイアシンを多く含んでいますが、ビタミンEには血行をよくする作用があり、細胞の老化も防いでくれるので、美肌作りにぴったり。

ビタミンB群は皮膚や粘膜を、ナイアシンは皮膚や胃腸を健康に保つ効果があるといわれますし、腸内の善玉菌、ビフィズス菌をふやすオリゴ糖も豊富なので、腸内環境を整える効果も期待できます。

ビタミンEは、肩こり解消にもよいので、一日中、包丁を使ったり、鍋を持ったりすることからくる慢性肩こりもよくなるよう、これからも豆腐つまみを続けていこうと思います。

湯豆腐

重しなしで
10分

材料と作り方（2人分）

木綿豆腐 ― 1丁
昆布 ― 10cm
水 ― 3カップ
A 酢 ― 1/4カップ
　みりん ― 大さじ1
B 削り節 ― 1パック（3g）
　しょうゆ、水 ― 各1/4カップ
C 万能ねぎの小口切り ― 2本分
　しょうがのすりおろし ― 2かけ分

① 豆腐は6等分に切る。
② 昆布は分量の水に浸して1時間おく。
③ 鍋にAを入れて強火にかけ、煮立ったら中火にして2分煮る。Bを加え、再び煮立ったら火を止める。
④ 別の鍋に豆腐、②を入れて中火にかけ、ゆらゆらと煮立つ程度の火加減で豆腐が温まるまで加熱する。③、Cを添える。

自家製厚揚げ

重し2kgで
180分

材料と作り方（2人分）

絹ごし豆腐 ― 1丁
揚げ油 ― 適量
しょうゆ ― 少々
わさびのすりおろし ― 適量

① 豆腐は4等分に切る。
② 揚げ油を160℃に熱し、豆腐を入れてときどき返しながら、こんがり揚げ色がつくまで10分ほど揚げる。
③ 器に②を盛り、しょうゆをたらし、わさびをのせる。

煮やっこ

重しなしで 10分

材料と作り方（2人分）

木綿豆腐 ── 1丁
A | だし ── ½カップ
　| しょうゆ ── 大さじ1
　| みりん ── 大さじ½
　| 砂糖 ── 小さじ1
揚げ玉 ── 大さじ3
わけぎの小口切り ── 1本分

① 豆腐は半分に切る。
② 小鍋にA、豆腐を入れて中火にかけ、豆腐が温まるまで5～6分煮る。
③ 器に②を盛り、揚げ玉、わけぎをのせる。

あんかけ豆腐

重しなしで 10分

材料と作り方（2人分）

絹ごし豆腐 ── 1丁
だし ── 1カップ
A | しょうゆ、みりん ── 各小さじ1
　| 塩 ── 小さじ⅓
B | 片栗粉 ── 大さじ1
　| だし ── 大さじ2
ゆずこしょう ── 適量

① 豆腐は半分に切る。
② 鍋にだし、豆腐を入れて中火にかけ、豆腐が温まるまで5～6分煮て、器に豆腐を盛る。
③ ②の鍋にAを加えて中火にかけ、煮立ったら混ぜ合わせたBを加えてとろみをつける。
④ ②に③をかけ、ゆずこしょうをのせる。

白あえ4種

重しなしで

10分

春　三つ葉の梅白あえ

夏　枝豆ときゅうりの白あえ

秋　焼ききのこの白あえ

冬　ゆり根の白あえ

修業時代の思い出の味

さつま芋、こんにゃく、いんげんの白あえ

料理の勉強を始めた大学時代、恩師から教えていただいた白あえです。手間もかかりますが、おいしさに感激したのを覚えています。以来、大切に作り続けています。

材料と作り方（2人分）

木綿豆腐（水きりする） ── 1/2丁
さつま芋 ── 150g
こんにゃく ── 50g
いんげん ── 5本
A｜だし ── 1/2カップ
　｜砂糖 ── 小さじ1
　｜しょうゆ ── 小さじ1/2
　｜塩 ── 小さじ1/5
B｜練り白ごま ── 大さじ1
　｜砂糖 ── 大さじ1/2
　｜塩 ── 小さじ1/5
　｜しょうゆ ── 小さじ1/2

①さつま芋は皮つきのまま、こんにゃくとともに3㎝長さの短冊切りにする。さつま芋は水にさらし、水気をきる。こんにゃくは熱湯でゆで、ザルに上げる。いんげんは斜め薄切りにする。

②鍋にA、さつま芋、こんにゃくを入れて中火にかけ、煮立ったら5分ほど煮る。いんげんを加え、ほとんど煮汁がなくなるまで煮て冷ます。

③すり鉢に豆腐を入れてなめらかになるまで10分ほどすり、Bを順に加え、その都度よくすり混ぜる。②を加えてあえる。

秋

材料と作り方（2人分）

木綿豆腐 ── 1/3丁
しいたけ ── 4枚
A｜酒 ── 小さじ1
　｜塩 ── 小さじ1/4
B｜練り白ごま ── 大さじ1/2
　｜砂糖 ── 小さじ1/2
　｜塩、しょうゆ ── 各小さじ1/3
ゆずの搾り汁 ── 小さじ1
ゆずの皮 ── 少々

① しいたけは軸を除き、焼き網にのせて中火で焼き、薄く焼き色がついたらAをふり、水分が出て香りが立つまで焼く。粗熱を取り、薄切りにし、ゆずの搾り汁をふる。

② フードプロセッサーに豆腐を入れ、なめらかになるまで撹拌するか、すり鉢でする。Bを加えて混ぜ、しいたけを加えてあえる。器に盛り、ゆずの皮をのせる。

冬

材料と作り方（2人分）

木綿豆腐 ── 1/3丁
ゆり根 ── 100g
A｜だしまたは水 ── 小さじ2
　｜塩 ── 小さじ1/4
B｜練り白ごま ── 大さじ1/2
　｜砂糖 ── 小さじ1
　｜塩、しょうゆ ── 各小さじ1/3

① ゆり根は1かけずつに分け、耐熱ボウルに入れてAをふり、ラップをして電子レンジで2分加熱し、そのまま粗熱を取る。飾り用に1かけとり分けておく。

② フードプロセッサーに豆腐を入れ、なめらかになるまで撹拌するか、すり鉢でする。Bを加えて混ぜ、汁気をきったゆり根を加えてあえる。器に盛り、飾り用のゆり根をのせる。

春

材料と作り方（2人分）

木綿豆腐 ── 1/3丁
根三つ葉 ── 150g
しょうゆ ── 小さじ1/2
A｜梅干し（小） ── 1個
　｜砂糖、しょうゆ ── 各小さじ1/3

① 根三つ葉は熱湯でゆでてザルに上げ、粗熱を取る。3㎝長さに切り、しょうゆをからめる。Aの梅干しは種を除いてたたく。

② フードプロセッサーに豆腐を入れ、なめらかになるまで撹拌するか、すり鉢でする。Aを加えて混ぜ、水気を絞った根三つ葉を加えてあえる。

夏

材料と作り方（2人分）

木綿豆腐 ── 1/3丁
枝豆 ── 150g
きゅうり ── 1/2本
A｜レモン汁 ── 小さじ2
　｜はちみつ ── 小さじ1
　｜塩 ── 小さじ1/3

① 鍋に水1 1/2カップ、塩大さじ1（分量外）を入れ、沸騰させ、枝豆をさやつきのまま入れ、10分ゆでる。さやから豆を出し薄皮を除き、飾り用に少量とり分けておく。きゅうりは薄い輪切りにし、塩小さじ1/10（分量外）をふってもみ、水気を絞る。

② フードプロセッサーに豆腐を入れ、なめらかになるまで撹拌するか、すり鉢でする。Aを加えて混ぜ、枝豆、きゅうりを加えてあえる。器に盛り、飾り用の枝豆をのせる。

ゴーヤーチャンプルー

重し2kgで
180分

材料と作り方（2人分）

木綿豆腐 ── 1丁
ゴーヤー ── 1本
塩 ── 小さじ1/2
サラダ油 ── 大さじ1/2
ごま油 ── 大さじ1/2
溶き卵 ── 1個分
A │ 砂糖、塩、しょうゆ
　│ ── 各小さじ1/3
削り節 ── 1カップ

① 豆腐は粗くちぎる。ゴーヤーは縦半分に切って種とワタを除き、端から4〜5㎜厚さに切る。塩をふってしんなりするまで10分ほどおき、洗って水気を絞る。

② フライパンにごま油大さじ1/2を中火で熱して豆腐を入れ、うすく焼き色がつくまで焼いて取り出す。

③ ②のフライパンにサラダ油大さじ1/2を入れ、ゴーヤーを入れて炒め、ゴーヤーが熱くなったら豆腐を戻し入れ、削り節4/5量をもみ入れ、Aを加えて炒める。溶き卵を流し入れて炒め合わせる。

④ 器に③を盛り、残りの削り節をのせる。

豆腐ディップ

重し2kgで
180分

材料と作り方(作りやすい分量)

木綿豆腐 ── 1丁

A
- オリーブオイル ── 大さじ2
- レモン汁 ── 大さじ1
- 塩 ── 小さじ1
- クミンパウダー── 小さじ1/2

万能ねぎの小口切り ── 3本分

きゅうり、にんじん、セロリ
── 各適量

① フードプロセッサーに豆腐を入れてなめらかになるまで撹拌し、Aを加えて均一になるまで撹拌する。ボウルに移し入れ、万能ねぎを加えて混ぜる。

② 器に①を盛り、スティック状に切ったきゅうり、にんじん、セロリを添える。

豆腐のごま揚げ

重し2kgで
180分

材料と作り方(2人分)

木綿豆腐 ── 1丁

しょうゆ ── 小さじ1

小麦粉、溶き卵、いり白ごま、揚げ油
── 各適量

① 豆腐は4等分に切り、しょうゆをまぶして小麦粉、溶き卵、ごまの順に衣をつける。

② 揚げ油を160℃に熱し、①を入れ、ときどき返しながら7〜8分揚げる。

しょうゆ、塩、みそ。肉豆腐3種

重しなしで 10分

鶏のしょうゆ肉豆腐

豚バラの塩肉豆腐

韓国風牛肉豆腐

塩

材料と作り方（2人分）

木綿豆腐 ― 1丁
豚バラしゃぶしゃぶ用肉 ― 150g
にら ― 1束
A | だし ― 1カップ
　| みりん ― 大さじ1
　| 塩 ― 小さじ2/3
七味唐辛子 ― 適量

① 豆腐は半分に切る。にらは5～6cm長さに切る。

② フライパンにA、豆腐を入れて中火にかけ、煮立ったら豚肉をほぐして加える。再び煮立ったらアクを除いて2～3分煮て、にらを加えてさっと煮る。

③ 器に②を盛り、七味唐辛子をふる。

みそ

材料と作り方（2人分）

木綿豆腐 ― 1丁
牛切り落とし肉 ― 150g
玉ねぎ ― 1/2個
しめじ ― 1パック
A | 白菜キムチ ― 100g
　| にんにくのすりおろし ― 1かけ分
　| すり白ごま、みそ、ごま油、酒
　| 　― 各大さじ1
　| 砂糖、しょうゆ ― 各大さじ1/2
水 ― 1/4カップ
青唐辛子の斜め薄切り ― 1本分

① 豆腐は厚みを1cmに切る。Aの白菜キムチはみじん切りにする。牛肉は混ぜ合わせたAの2/3量をもみ込む。玉ねぎは横1cm幅に切る。しめじは小房に分ける。

② 鍋に玉ねぎ、しめじの順に重ねて入れ、残りのAをかけ、豆腐、牛肉の順にのせる。鍋肌から分量の水を注ぎ、フタをして中火にかけ、煮立ったら10分ほど煮る。

③ 器に②を盛り、青唐辛子をのせる。

しょうゆ

材料と作り方（2人分）

木綿豆腐 ― 1丁
鶏もも肉 ― 1枚
A | しょうゆ、酒 ― 各大さじ1/2
片栗粉 ― 適量
にんじん ― 1/2本
玉ねぎ ― 1/2個
にんにく ― 1かけ
赤唐辛子 ― 1本
サラダ油 ― 大さじ1
水 ― 1カップ
B | 砂糖、酒、しょうゆ
　| 　― 各大さじ1
絹さや ― 10枚

① 豆腐は4等分に切る。鶏肉は一口大のそぎ切りにし、Aをもみ込んで5分ほどおき、汁気をふき取り、片栗粉をまぶす。にんじんは一口大の乱切りにする。玉ねぎは1cm幅のくし形切りにする。にんにくはたたきつぶし、赤唐辛子は半分に切る。

② フライパンにサラダ油を中火で熱し、鶏肉を入れて両面をこんがり焼いて取り出す。同じフライパンににんにくを入れ、香りが立ったら赤唐辛子、にんじん、玉ねぎの順に加えてその都度、油が回るまで炒める。

③ ②に分量の水を入れ、煮立ったらアクを除き、強火にして5分ほど煮る。②の鶏肉を戻し入れ、Bを加えて10分煮て、豆腐を加えて5分煮る。絹さやを加えてさっと煮る。

擬製豆腐

重し2kgで 180分

材料と作り方（2人分）

木綿豆腐 ── ½丁
にんじん ── ⅕本
しいたけ ── 2枚
いんげん ── 4本
溶き卵 ── 1個分
A
- だし ── ¼カップ
- 砂糖 ── 小さじ2
- しょうゆ ── 小さじ1
- 塩 ── 少々

サラダ油、大根おろし、しょうゆ ── 各適量

① にんじんは細切りにする。しいたけは薄切りにする。いんげんは斜め薄切りにする。

② フライパンにサラダ油大さじ½を中火で熱し、にんじん、しいたけ、いんげんの順に入れ、その都度油が回るまで炒める。豆腐をくずしながら加えて炒め、豆腐が温まったらAを加え、煮汁が少し残るくらいまで7〜8分煮る。火を止めて粗熱を取り、溶き卵を加えて混ぜる。

③ 卵焼き用フライパンにサラダ油小さじ1を中火で熱し、②を流し入れ、弱火にして3分焼き、平皿をかぶせてフライパンごと上下を返し、すべらせて戻し入れ、さらに3分焼く。

④ ③を食べやすい大きさに切って器に盛り、大根おろしを添え、しょうゆをかける。

豆腐のみそ漬け

重し2kgで 180分

材料と作り方（作りやすい分量）

木綿豆腐 ── 1丁
A
- 白みそ ── 200g
- みそ ── 50g

きゅうりの斜め薄切り ── 適量

① 豆腐は4等分に切り、1切れずつガーゼで包む。15×15㎝のラップを4枚用意し、混ぜ合わせたAを等分に塗り広げ、豆腐1切れをのせて包む。密閉容器に入れ、冷蔵庫で1週間ほどおく。

② ①のみそをこそげ落とし、食べやすい大きさに切る。器にきゅうりを敷いて豆腐を盛る。

※みそに漬けた状態で密閉容器に入れ、冷蔵庫で1カ月間保存可能。

水菜とツナの和風豆腐サラダ

重しなしで 10分

材料と作り方（2人分）

木綿豆腐 ── 1丁
水菜 ── 100g
ツナ缶（油漬け） ── 小1缶
A | レモン汁 ── 大さじ½
　| しょうゆ ── 小さじ2
　| ごま油 ── 小さじ1

① 水菜は3cm長さに切る。ツナは汁気をきる。

② ボウルに豆腐、ツナを入れ、豆腐を粗くくずしながら混ぜ、水菜⅘量を加えてざっくり混ぜる。混ぜ合わせたAを加えてあえる。

③ 器に②を盛り、残りの水菜をのせる。

豆腐春巻き

重し2kgで 180分

材料と作り方（2人分）

絹ごし豆腐 ── ½丁
塩 ── 少々
梅干し ── 1個
青じそ ── 4枚
粉チーズ ── 大さじ2
春巻きの皮 ── 4枚
A | 小麦粉、水 ── 各大さじ1
サラダ油 ── 適量

① 豆腐は縦4等分に切り、塩をふる。梅干しは種を除いてたたく。

② 春巻きの皮を広げ、中央に横一文字になるように青じそ、豆腐、梅干し、粉チーズ各¼量を重ねておく。手前と左右の皮を内側に折り込んでくるくる巻き、向こう側の2辺の縁に混ぜ合わせたAを塗り、口を閉じる。

③ フライパンにサラダ油を1cm深さほど入れて170℃に熱し、②を入れ、ときどき返しながらこんがり揚げ色がつくまで4〜5分揚げる。

豆腐とにらのカレー炒め

重し2kgで 180分

材料と作り方（2人分）

木綿豆腐 ── 1丁
にら ── 1束
バター ── 10g
A しょうゆ ── 大さじ½
　みりん ── 小さじ1
　カレー粉 ── 小さじ½

① 豆腐は大きめにちぎる。にらは4cm長さに切る。

② フライパンにバターを入れて中火で溶かし、豆腐を入れて両面にうすく焼き色がつくまで焼く。混ぜ合わせたAを加えてからめながら炒め、にらを加えてさっと炒める。

豆腐のたらこ煮

重しなしで 10分

材料と作り方（2人分）

絹ごし豆腐 ── 1丁
たらこ ── 1腹
A だしまたは水 ── 1カップ
　酒 ── 大さじ2
　塩、しょうゆ ── 各小さじ¼
B 片栗粉 ── 大さじ½
　だしまたは水 ── 大さじ1
三つ葉 ── 2本

① 豆腐は4等分に切る。たらこは薄皮を除く。三つ葉は5㎜長さに切り、飾り用に葉先を取り分ける。

② 鍋にたらこ、Aを入れて混ぜ、豆腐を加えて中火にかけ、煮立ったら弱火にして5～6分煮る。混ぜ合わせたBでとろみをつけ、三つ葉を加えて火を止める。

③ 器に②を盛り、飾り用の三つ葉をのせる。

韓国風水ギョーザ

重し2kgで
180分

材料と作り方（作りやすい分量）

木綿豆腐 ── ½丁
白菜キムチ、豚ひき肉 ── 各100g
A｜しょうゆ、ごま油 ── 各小さじ1
ギョーザの皮 ── 1袋（22個分）
B｜しょうゆ ── 大さじ1
　｜酢 ── 大さじ1

① 白菜キムチはみじん切りにする。
② ボウルに豆腐、ひき肉を入れてなめらかになるまで練り混ぜ、白菜キムチ、Aを加えてよく混ぜる。
③ ギョーザの皮の中央に②を等分にのせ、縁に水適量（分量外）を塗り、4つの角をそれぞれ半分に折りながら中央に閉じ目を寄せ、最後に閉じ目をつまんでしっかり閉じる。
④ 鍋にたっぷりの熱湯を沸かし、③を入れ、浮いてきたらさらに2分ほどゆでて取り出す。
⑤ 器に④を盛り、混ぜ合わせたBを添える。

ザーサイ、トマトの豆腐サラダ

重し1kgで
30分

材料と作り方（2人分）

絹ごし豆腐 ── 1丁
味つけザーサイのみじん切り ── 80g
わけぎ ── 2本
トマト ── 1個
オリーブオイル ── 小さじ1
粗びき黒こしょう ── 少々

① わけぎは小口切りにする。トマトは1cm角に切る。
② ボウルに粗びき黒こしょう以外の材料を入れてよく混ぜる。
③ 器に②を盛り、粗びき黒こしょうをふる。

Column 2

肌もしっとり 心もうっとり 日本酒の愉楽

晩酌は、最高のリラックスタイム。最近は、スッキリした味わいが心地よくて、日本酒をよく飲みます。お気に入りは、秋田の新政酒造の「No.6」（写真右）を冷やして。いきいきとした微発泡と、さわやかな酸がほどよくて、ついつい飲み過ぎてしまうんですけどね（笑）。

三重の「而今」（木屋正酒造・写真中）や奈良の「風の森」（油長酒造・写真左）の華やかさやフレッシュさもおすすめ。

日本酒を飲み始めてから、肌の調子がいいんです。原料の米麹には、コウジ酸という成分が含まれていて、しみやそばかすの原因となるメラニン色素の生成を抑える働きがあり、肌の透明感もアップするのだそう。また、アミノ酸も豊富なので、肌に潤いを補って、たるみの予防にもなります。

お問い合わせ先

新政酒造　☎018-823-6407　木屋正酒造　☎0595-63-0061　油長酒造　☎0745-62-2047

Part Ⅳ

小腹満たしの味方 豆腐の小どんぶり

豆腐をごはんの代わりにした、
糖質オフの小どんぶりです。
外食が続いたり、食事が夜遅くなったりしたときに
空腹を我慢しないですむので、
ダイエットを長続きさせるのに役立ちます。
豆腐は、水気をしっかりきって
粗くくずすのが、食べごたえを出して
満足感をアップさせるコツです。

74〜83ページの豆腐は、
ペーパータオルで包み、
耐熱皿にのせて電子レンジで
加熱して水きりします。

小腹がすいたら、我慢はしません。ごはんを豆腐に代えて糖質＆カロリーを抑えます。

ごはんを豆腐で代用した丼を作るようになった
きっかけは、家族とでかけた温泉施設。
施設内のレストランのメニューにある丼物が、
すべてごはんを豆腐に代えられるとあって、
興味本位で頼んでみたところ、
ほどよくおなかにたまるし、糖質もオフできて、
なにしろとてもおいしくて、わが家のメニューにも採用。
ポイントの豆腐の水きりは、
ペーパータオルなどで包んで耐熱皿にのせ、
ラップをしないで電子レンジで加熱します。
そして、平皿などをのせて
ギュッと押してさらに水気をきるのがコツ。
あとはスプーンで粗くくずせば、豆腐のうまみと
風味がしっかり味わえます。
納豆やしらす干しをのせて、さっぱりもいいですし、
具にボリュームをもたせても、トータルでカロリーも
糖質も控えめになるので、食べ過ぎをリセットしたいときや
夜遅めの食事にもおすすめです。

冷汁風丼

材料と作り方（2人分）

木綿豆腐 ── 小2丁（400g）
あじの干物（小）── 1尾
きゅうり ── ½本
みょうが ── 2本
青じそ ── 4枚
A
すり白ごま ── 大さじ2
みそ ── 大さじ1½
氷水 ── 1½カップ

① 豆腐は電子レンジで2分加熱し（P.72参照）、押して水気を出して水気を切り、スプーンで粗くほぐす。きゅうり、みょうがは薄い輪切りにする。青じそはせん切りにする。

② あじの干物はグリルでこんがり焼き、頭、骨、皮を除く。フードプロセッサーにあじ、Aを入れて均一になるまで撹拌する。クッキングシートに取り出して平らに広げ、250℃に熱したオーブンで5〜6分焼く。

③ ②をボウルに入れ、氷水を少しずつ加えて混ぜ溶かす。

④ 器に豆腐を盛り、③をかけ、きゅうり、みょうが、青じそをのせる。

納豆、オクラ、たくあん丼

材料と作り方（2人分）

木綿豆腐 ── 小2丁（400g）
納豆 ── 2パック
納豆の付属のタレ（またはしょうゆ小さじ2）── 2袋
たくあん ── 5㎝
オクラ ── 6本
なめこ ── 1袋

① 豆腐は電子レンジで4分加熱し（P.72参照）、押して水気を出して水気をきり、スプーンで粗くほぐす。

② 納豆は付属のタレを混ぜる。たくあんは粗いみじん切りにする。オクラは熱湯でゆで、小口切りにする。なめこは熱湯でさっとゆで、水気をきる。

③ 器に豆腐を盛り、納豆、たくあん、オクラ、なめこをのせる。

しらすの梅わさび丼

材料と作り方（2人分）

木綿豆腐 ── 小2丁（400g）

A
- しらす干し ── 50g
- 梅干し ── 1個
- みょうが ── 2本
- 青じそ ── 5枚
- わさびのすりおろし ── 小さじ1

いり白ごま ── 大さじ1

① 豆腐は電子レンジで4分加熱し（P.72参照）、押して水気を出して水気をきり、スプーンで粗くほぐす。Aの梅干しは種を除いてたたく。みょうが、青じそはみじん切りにする。

② ボウルにAを入れて混ぜる。

③ 器に豆腐を盛り、②をのせ、ごまを散らす。

プッタネスカ丼

材料と作り方（2人分）

木綿豆腐 ── 小2丁（400g）

オリーブオイル ── 大さじ2

にんにくのみじん切り ── 1かけ分

アンチョビ（フィレ）── 4枚

A
- トマトの水煮缶（カット状）── 1缶（400g）
- ケッパー ── 大さじ1
- ブラックオリーブ（種なし）── 10粒

塩 ── 小さじ1/3

① 豆腐は電子レンジで4分加熱し（P.72参照）、押して水気を出して水気をきり、スプーンで粗くほぐす。

② フライパンにオリーブオイル、にんにくを入れて弱火にかけ、香りが立ったら中火にしてアンチョビを加え、つぶしながら炒める。Aを加え、混ぜながら4〜5分煮て塩を加える。

③ 器に豆腐を盛り、②をかける。

麻婆あんかけ丼

材料と作り方（２人分）

木綿豆腐 ── 小２丁（400g）
サラダ油 ── 小さじ1

A
- にんにくのみじん切り、しょうがのみじん切り ── 各1かけ分
- 長ねぎのみじん切り ── ¼本分

豚ひき肉 ── 150g

B
- みそ ── 小さじ2
- 豆板醤 ── 小さじ1

C
- 酒 ── 大さじ1
- しょうゆ ── 大さじ½
- 砂糖 ── 小さじ1
- 水 ── ¾カップ

D
- 片栗粉 ── 小さじ2
- 水 ── 大さじ1⅓

ごま油 ── 小さじ½
香菜 ── 適量

① 豆腐は電子レンジで4分加熱し（P.72参照）、押して水気を出して水気をきり、スプーンで粗くほぐす。

② フライパンにサラダ油を中火で熱し、Aを入れて炒め、香りが立ったらひき肉を加え、ぽろぽろになるまで炒める。Bを加えて炒りつけ、Cを加えて混ぜながら1〜2分煮て、混ぜ合わせたDを加えてとろみをつけ、最後にごま油を加える。

③ 器に豆腐を盛り、②をかけ、香菜を添える。

和風カレー丼

材料と作り方（2人分）

木綿豆腐 ── 小2丁（400g）
ちくわ ── 3本
玉ねぎ ── ¼個
しめじ ── 1パック
絹さや ── 10枚
サラダ油 ── 大さじ½
カレー粉 ── 大さじ1
だし ── 1½カップ
A ｜ みりん、しょうゆ ── 各大さじ2
B ｜ 片栗粉 ── 大さじ1
　　 だし ── 大さじ2

① 豆腐は電子レンジで4分加熱し（P.72参照）、押して水気を出して水気をきり、スプーンで粗くほぐす。ちくわは5㎜幅の斜め薄切りにする。玉ねぎは5㎜幅のくし形切りにする。しめじは小房に分ける。絹さやは筋を除く。

② 鍋にサラダ油を中火で熱し、カレー粉を入れて炒める。香りが立ったらだし、ちくわ、玉ねぎ、しめじ、Aを加えて4〜5分煮て、絹さやを加えてさっと煮る。混ぜ合わせたBを加えてとろみをつける。

③ 器に豆腐を盛り、②をかける。

キムチの温泉卵のっけ丼

材料と作り方（2人分）

木綿豆腐 ── 小2丁（400g）
白菜キムチ ── 60g
みそ ── 小さじ½
すり白ごま ── 大さじ½
万能ねぎの小口切り ── 2本分
温泉卵 ── 2個

① 豆腐は電子レンジで4分加熱し（P.72参照）、押して水気を出して水気をきり、スプーンで粗くほぐす。

② 白菜キムチはみじん切りにし、みそ、ごまを混ぜる。

③ 器に豆腐を盛り、②をのせ、万能ねぎを散らし、温泉卵をのせる。

プルコギ丼

材料と作り方（２人分）

木綿豆腐 ── 小２丁（400g）
牛切り落とし肉 ── 150g
A｜にんにくのすりおろし ── 1かけ分
　すり白ごま、砂糖、酒、ごま油 ── 各大さじ1/2
　しょうゆ ── 大さじ1 1/2
玉ねぎ ── 1/4個
にんじん ── 1/4個
にら ── 1/2束

① 豆腐は電子レンジで4分加熱し（P.72参照）、押して水気を出して水気をきり、スプーンで粗くほぐす。玉ねぎは薄切りにする。にんじんは細切りにする。にらは4cm長さに切る。

② フライパンにA、牛肉を入れてもみ込む。上に玉ねぎ、にんじん、にらをのせ、フタをして中火にかけ、蒸気が上がったらフタをとり、全体を混ぜながら肉に火を通す。

③ 器に豆腐を盛り、②をのせる。好みで一味唐辛子をふる。

チンジャオロース丼

材料と作り方（２人分）

木綿豆腐 ── 小２丁（400g）
豚しょうが焼き用肉 ── 150g
A｜しょうゆ、酒、片栗粉 ── 各小さじ1
ピーマン ── ２個
長ねぎ ── 1/4本
サラダ油 ── 大さじ1/2
にんにく（つぶす） ── 1かけ
もやし ── 1/2袋
B｜しょうゆ ── 大さじ1
　砂糖、酒 ── 各小さじ1
　片栗粉 ── 小さじ1/3

① 豆腐は電子レンジで４分加熱し（P.72参照）、押して水気を出して水気をきり、スプーンで粗くほぐす。豚肉は５〜６cm長さに切り、Aをもみ込む。ピーマンは細切りにする。長ねぎは斜め薄切りにする。

② フライパンにサラダ油を中火で熱し、にんにく、長ねぎを入れて炒め、香りが立ったら豚肉を入れて炒める。ほぐれたらピーマン、もやしを加えて熱くなるまで炒め、混ぜ合わせたBを加えて合わせる。

③ 器に豆腐を盛り、②をのせる。

韓国風ミートソース丼

材料と作り方（２人分）

木綿豆腐 ── 小２丁（400g）
豚ひき肉 ── 150g
もやし ── ½袋
サラダ油 ── 大さじ½
にんにくのみじん切り ── １かけ分
赤唐辛子の小口切り ── １本分
玉ねぎのみじん切り ── ½個分

A
- 甜麺醤 ── 大さじ３
- みそ、酒 ── 各大さじ１
- しょうゆ ── 大さじ½
- 水 ── １カップ

B
- 片栗粉 ── 大さじ½
- 水 ── 大さじ１

ごま油 ── 小さじ½

① 豆腐は電子レンジで４分加熱し（P.72参照）、押して水気を出して水気をきり、スプーンで粗くほぐす。もやしは熱湯でさっとゆで、ザルに上げる。

② フライパンにサラダ油を中火で熱し、にんにく、赤唐辛子を入れて炒め、香りが立ったらひき肉を加えて肉の色が変わるまで炒める。

③ ②に玉ねぎを加えて透き通るまで炒め、Aを加えて３～４分煮る。混ぜ合わせたBを加えてとろみをつけ、最後にごま油を加える。

④ 器に豆腐を盛り、③をかけ、もやしをのせる。

えびクリーム丼

材料と作り方（2人分）

木綿豆腐 ── 小2丁（400g）
サラダ油 ── 大さじ1/2
殻つきえび ── 10〜15尾（200g）
A | 白ワイン ── 大さじ1
　| 塩、こしょう ── 各少々
にんにくのみじん切り ── 1かけ分
玉ねぎのみじん切り ── 1/4個分
トマトの水煮缶（カット状） ── 1/2缶（200g）
生クリーム ── 1/2カップ
B | 塩 ── 小さじ1/3
　| こしょう ── 少々

① 豆腐は電子レンジで4分加熱し（P.72参照）、押して水気を出して水気をきり、スプーンで粗くほぐす。えびは殻をむき、背に切り目を入れて背ワタを除き、Aをまぶす。

② フライパンにサラダ油を中火で熱し、にんにく、玉ねぎを入れてしんなりするまで炒め、トマトの水煮を加えてとろりとするまで2〜3分煮る。

③ ②にえびを汁ごと加えて火が通るまで煮て、生クリームを入れ、煮立ったらBを加える。

④ 器に豆腐を盛り、③をかける。

カオマンガイ丼

材料と作り方（2人分）

木綿豆腐 — 小2丁（400g）
鶏胸肉 — 1枚

A
- しょうがの搾り汁、酒 — 各小さじ1
- 塩 — 小さじ1/4

B
- 青唐辛子の小口切り — 1本分
- しょうがのみじん切り — 1かけ分
- にんにくのすりおろし — 少々
- みそ、しょうゆ、水 — 各小さじ2
- オイスターソース — 小さじ1

きゅうり — 1/2本
香菜 — 適量

① 豆腐は電子レンジで4分加熱し（P.72参照）、押して水気を出して水気をきり、スプーンで粗くほぐす。

② 鶏肉は室温に30分おいてから耐熱皿に入れてAをもみ込み、ラップをかけて電子レンジで2分加熱し、そのまま粗熱を取り、1cm幅に切る。きゅうりは斜め薄切りにする。

③ 器に豆腐を盛り、鶏肉をのせて混ぜ合わせたBをかけ、きゅうり、香菜を添える。

海鮮づけ丼

材料と作り方（2人分）

木綿豆腐 — 小2丁（400g）
いか、たこ、たい（各刺身用さくを好みで）
— 合わせて150g

A
- しょうゆ — 大さじ1
- わさびのすりおろし、ごま油 — 各小さじ1

長ねぎのせん切り — 1/6本分
青じそ — 2枚

① 豆腐は電子レンジで4分加熱し（P.72参照）、押して水気を出して水気をきり、スプーンで粗くほぐす。いか、たこ、たいは斜め薄切りにする。長ねぎは水にさらし、水気をきる。

② ボウルにAを混ぜ合わせ、いか、たこ、たいを加えてあえる。

③ 器に豆腐を盛り、青じそ、②をのせ、長ねぎをのせる。

担担風丼

マッシュルームのクリームソース丼

担担風丼

材料と作り方（2人分）

- 木綿豆腐 ── 小2丁（400g）
- 豚ひき肉 ── 150g
- 酒 ── 大さじ1
- 豆板醤 ── 小さじ1
- 水 ── ½カップ
- B
  - 片栗粉、水 ── 各小さじ1
- A
  - にんにくのみじん切り、しょうがのみじん切り ── 各1かけ分
  - 練り白ごま ── 大さじ1½
  - みそ ── 大さじ1
  - しょうゆ、酢 ── 各大さじ½

① 豆腐は電子レンジで4分加熱し（P.72参照）、押して水気を出して水気をきり、スプーンで粗くほぐす。

② フライパンにひき肉、酒を入れて混ぜる。中火にかけ、肉がぽろぽろになるまで炒りつけ、豆板醤を加えて香りが立つまで炒め、分量の水を加える。煮立ったらAを加えて3〜4分煮て、混ぜ合わせたBを加えてとろみをつける。

③ 器に豆腐を盛り、②をかける。

マッシュルームのクリームソース丼

材料と作り方（2人分）

- 木綿豆腐 ── 小2丁（400g）
- マッシュルーム ── 1パック（150g）
- ウインナーソーセージ ── 4本
- 玉ねぎ ── ¼個
- バター ── 20g
- 小麦粉 ── 大さじ1
- 牛乳 ── 1カップ
- A
  - 塩 ── 小さじ⅓
  - こしょう ── 少々
- こしょう ── 適量

① 豆腐は電子レンジで4分加熱し（P.72参照）、押して水気を出して水気をきり、スプーンで粗くほぐす。マッシュルームは薄切りにする。ウインナーは3等分の斜め切りにする。玉ねぎは1cm角に切る。

② フライパンにバターを入れて中火で溶かし、玉ねぎ、マッシュルームを入れてしんなりするまで炒める。小麦粉をふり入れ、弱火にして粉っぽさがなくなるまで炒め、牛乳を少しずつ加えて溶きのばす。ウインナーを加えてとろみがつくまで煮て、Aを加える。

③ 器に豆腐を盛り、②をかけ、こしょうをふる。

中華丼

材料と作り方（2人分）

木綿豆腐 ── 小2丁（400g）
豚こま切れ肉 ── 150g
A ｜しょうがの搾り汁、しょうゆ、
　｜酒、片栗粉 ── 各小さじ1
干ししいたけ ── 2枚
白菜 ── 150g
にんじん ── ¼本
絹さや ── 6枚
サラダ油 ── 大さじ1
B ｜顆粒鶏がらスープの素
　｜── 小さじ1
　｜湯 ── 1カップ
C ｜しょうゆ ── 大さじ1
　｜酒 ── 大さじ½
　｜砂糖 ── 小さじ½
　｜塩 ── 小さじ¼
D ｜片栗粉 ── 大さじ1
　｜水 ── 大さじ2
ごま油 ── 少々

① 豆腐は電子レンジで4分加熱し（P.72参照）、押して水気を出して水気をきり、スプーンで粗くほぐす。

② 豚肉は一口大に切り、Aをもみ込む。干ししいたけは水で戻し、水気をきって薄切りにする。白菜は一口大のそぎ切りにする。にんじんは短冊切りにする。絹さやは筋を除く。

③ フライパンにサラダ油を中火で熱し、豚肉を入れて肉の色が変わるまで炒める。にんじん、白菜、しいたけ、絹さやの順に加え、その都度油が回るまで炒める。混ぜ合わせたBを加えて2〜3分煮て、Cを加え、混ぜ合わせたDを加えてとろみをつける。最後にごま油を加える。

④ 器に豆腐を盛り、③をかける。

Column 3

おうちで簡単！手軽に味わう手作りできたて豆腐

成分無調整の豆乳ににがりを加えて、家で豆腐を手作りすることもあります。魅力は、なんといってもできたてほやほやのあったかさ、すくうのがやっとのやわらかさとなめらかさです。

豆腐作りは難しく思われがちですが、温度や手順を守れば、だれでも簡単にできます。最近は、にがりがセットされた豆乳も売られています。気軽に試せるので、まずはここから始めてみてはいかがでしょう。

私も、このセットを使って肌寒い季節の朝食に、電子レンジで作ったできたておぼろ豆腐を出したところ、娘たちから「このお豆腐、あったか〜い」と大好評。豆腐の新しい楽しみ方を見つけて、ちょっとうれしい気持ちも味わえました。

問い合わせ先

（左）豆腐のできる豆乳　キッコーマン飲料 お客様係　☎0120-1212-88　（右）北の大豆豆乳　太子食品工業 お客様相談室　☎0120-417-710

Part V

からだに優しい おから、油揚げの おかず

豆腐を作る際にできるおからは、食物繊維の宝庫。低カロリーで、おなかの調子を整えるのに役立ちます。油揚げは、少量で料理にコクが出るわが家のお助け食材です。ぜひ和風、洋風、韓国風と新しい味わいを楽しんでください。

”買い置きできて、おなかもスッキリ。おから、油揚げが大好きです。“

おからと油揚げは、もともと味わいが好きで
よく使っていたのですが、
からだのことを深く考えるようになってから、
そのよさをあらためて実感しています。
おからは、なにしろ食物繊維が豊富なのがいいですね。
数年前から、腸をキレイに健康に保つことを
気にかけていますが、おからは腸活に欠かせない食材です。
和風の煮物はもちろんですが、コンソメ味やトマト味で
洋風に煮ると食べあきません。
体重を落としたいときには、リゾット風にしたり、
お好み焼きにしたりすると、食事を制限している感覚なしで
体重をコントロールできます。
おから料理のコツは、買ってきたらすぐに調理をすること。
これだけで、格段に味よく仕上がります。
油揚げは、さっと煮るだけでコクが出るので、
忙しい日のあと1品のおかずや、
おつまみとしてもよく使います。
わが家の冷凍庫には、袋のまま冷凍した油揚げが
常にストックしてあります。

油揚げの袋煮

材料と作り方(2人分)

油揚げ ── 2枚
ひじき(乾燥) ── 5g
かんぴょう ── 20cm×4本
合いびき肉 ── 100g
A | 卵 ── 1個
　玉ねぎのみじん切り ── ¼個分
　しいたけのみじん切り ── 2枚分
　しょうゆ ── 大さじ½
　砂糖 ── 小さじ½
B | だし ── 1カップ
　砂糖、しょうゆ ── 各大さじ1
　みりん ── 大さじ½

① 油揚げは熱湯でさっとゆで、ザルに上げて粗熱を取り、水気を絞る。横半分に切り、切り口から袋状に開く。ひじきは袋の表示の通りに戻して水気をきり、ざく切りにする。かんぴょうは塩少々(分量外)でもみ、水で洗い、熱湯で5〜6分ゆでてザルに上げる。

② ボウルにひき肉、ひじき、Aを入れてよく練り混ぜる。4等分して油揚げに詰め、かんぴょうで口を結ぶ。

③ 鍋に②、Bを入れ、落としブタをして弱火にかけ、20分ほど煮る。

油揚げとセロリの煮浸し

材料と作り方（2人分）

油揚げ ── 1枚
セロリ ── 1本
だし ── 1カップ
A | みりん ── 大さじ1
　| しょうゆ ── 小さじ1
　| 塩 ── 小さじ⅓

① 油揚げは熱湯でさっとゆで、ザルに上げて粗熱を取り、水気を絞り、1cm幅に切る。セロリは葉と茎に分け、葉はざく切り、茎は5cm長さ、1cm幅の棒状に切る。

② 鍋にだし、油揚げを入れて中火にかけ、煮立ったら2〜3分煮る。A、セロリを加え、2分煮る。

おからといかの煮物

材料と作り方（作りやすい分量）

おから ── 200g
するめいか ── 小1ぱい
長ねぎ ── ½本
しいたけ ── 4枚
サラダ油 ── 小さじ½
A | だしまたは水 ── 1カップ
　| 砂糖、酒 ── 各大さじ2
　| しょうゆ ── 大さじ1
　| 塩 ── 小さじ½

① いかは胴から足を引き抜いて内臓、目、軟骨を除き、胴は幅7mm、長さ3cmの短冊切り、足は1本ずつ切り分けて1cm長さに切る。長ねぎは薄い輪切り、しいたけは薄切りにする。

② 鍋にサラダ油を中火で熱し、長ねぎ、しいたけ、いかの順に入れ、その都度油が回るまで炒める。おからを加え、ぱらぱらになるまで炒める。Aを加え、弱めの中火にして汁気がほとんどなくなるまで20分ほど煮る。

おからとベーコンのコンソメ煮

材料と作り方(作りやすい分量)

おから ── 150g
玉ねぎ ── 1/2個
にんじん ── 1/3本
スライスベーコン ── 4枚
オリーブオイル ── 大さじ2
A
- ローリエ ── 1枚
- 固形ブイヨン ── 1個
- 白ワイン ── 大さじ2
- 塩 ── 小さじ1/2
- こしょう ── 少々
- 湯 ── 1カップ

① 玉ねぎは薄切りにする。にんじん、ベーコンは細切りにする。

② 鍋にオリーブオイルを中火で熱し、ベーコンを入れて香りが立つまで炒め、玉ねぎ、にんじんの順に加え、その都度油が回るまで炒める。

③ ②におからを加えてぱらぱらになるまで炒め、Aを加えて弱火にし、汁気がほとんどなくなるまで20分煮る。

油揚げのチーズラクレット風

材料と作り方(2人分)

油揚げ ── 1枚
みそ ── 小さじ1
モッツァレラチーズ ── 30g
ピザ用チーズ ── 20g
粉チーズ ── 適量

① 油揚げはオーブントースター(1000W)でうすく焼き色がつくまで1～2分焼く。取り出してみそを塗り、モッツァレラチーズをちぎってのせ、ピザ用チーズを散らし、再びオーブントースターで6～7分焼く。仕上げに粉チーズをふる。

おからのヨーグルトサラダ

材料と作り方（作りやすい分量）

おから ── 150g
スライスハム ── 4枚
きゅうり ── 1本
塩 ── 小さじ1/5
コーン ── 1/2カップ
A
プレーンヨーグルト ── 2カップ
玉ねぎのすりおろし ── 小さじ1
オリーブオイル ── 大さじ1
はちみつ ── 大さじ1/2
塩 ── 小さじ1/2
こしょう ── 少々

① おからは耐熱皿に入れ、ラップをかけて電子レンジで3分加熱し、冷ます。ハムはみじん切りにする。きゅうりは薄い輪切りにし、塩をふってしんなりするまでおき、水気を絞る。

② ボウルにAを入れて混ぜ、ハム、コーン、きゅうりを加えて混ぜ、おからを加えてあえる。

おからのお好み焼き

材料と作り方（2人分）

おから ── 100g
キャベツ ── 100g
豚バラ薄切り肉 ── 100g
卵 ── 2個
A
削り節 ── 1パック（3g）
だしまたは水 ── 1/4カップ
塩 ── 小さじ1/4
サラダ油 ── 大さじ1
わけぎの小口切り ── 3本分
中濃ソース、マヨネーズ、紅しょうが ── 各適量

① キャベツはせん切りにする。豚肉は5cm長さに切る。

② ボウルにAを入れて混ぜ、卵を割り入れて溶きほぐしながら混ぜ、おからを加えてさらに混ぜる。最後にキャベツを加えてざっくり混ぜる。

③ フライパンにサラダ油を中火で熱し、②を流し入れて円形に広げ、豚肉を広げてのせる。フタをして6〜7分焼き、縁がかたまってきたら上下を返し、さらに6〜7分焼く。

④ 器に③を盛り、中濃ソース、マヨネーズをかけ、わけぎ、紅しょうがをのせる。

おからのオムレツ

材料と作り方（２人分）

おから ── 100g
オリーブオイル ── 大さじ½
玉ねぎのみじん切り ── ¼個分
豚ひき肉 ── 100g
ピーマンのみじん切り ── １個分
A | 塩 ── 小さじ⅓
　| こしょう ── 少々
卵 ── ４個
B | 牛乳 ── 大さじ４
　| 塩、こしょう ── 各少々
バター ── 20g
ベビーリーフ ── ½袋

① フライパンにオリーブオイルを中火で熱し、玉ねぎを入れてしんなりするまで炒める。ひき肉を加えてぱらぱらになるまで炒め、おからを加えて炒め、ぱらりとしたらピーマン、Aを加えてさっと炒める。

② ボウルに卵を割りほぐし、Bを加えて混ぜる。

③ 直径20㎝のフライパンにバター10gを入れて中火で溶かし、②の半量を流し入れ、大きく混ぜて半熟状に火を通し、中央に①の半量をのせて周囲の卵をかぶせて包み、器に盛る。残りも同様にして２個作る。

④ ③にベビーリーフを添える。

おからのリゾット

材料と作り方（２人分）

おから ── 100g
ズッキーニ ── ½本
バター ── 20g
玉ねぎのみじん切り ── ¼個分
にんにくのみじん切り ── １かけ分
A | 固形ブイヨン ── １個
　| 湯 ── １カップ
B | 粉チーズ ── 大さじ２
　| 塩、こしょう ── 少々

① ズッキーニは７〜８㎜角に切る。

② フライパンにバターを入れて中火で溶かし、玉ねぎ、にんにくを入れて透き通るまで炒め、ズッキーニを加えて油が回るまで炒める。

③ ②におからを加えてぱらぱらになるまで炒め、混ぜ合わせたAを加えて10分煮て、Bを加えて混ぜる。

おからのトマト煮

材料と作り方（作りやすい分量）

おから ── 150g
ベーコン（かたまり） ── 50g
オリーブオイル ── 大さじ2
玉ねぎのみじん切り ── $\frac{1}{2}$個分
にんにくのみじん切り ── 1かけ分
トマトの水煮缶（カット状） ── 1缶（400g）
A | 白ワイン ── 大さじ2
　| 塩 ── 小さじ1
　| こしょう ── 少々
ドライバジル ── 適量

① ベーコンは7〜8㎜角の棒状に切る。

② フライパンにオリーブオイルを中火で熱し、ベーコンを入れて香りが立つまで炒め、玉ねぎ、にんにくを加えてしんなりするまで炒める。

③ ②におからを加えてぱらぱらになるまで炒め、トマトの水煮、Aを加えて弱火にし、汁気がほとんどなくなるまで20分煮る。器に盛り、ドライバジルを散らす。

おからのクスクス風サラダ

材料と作り方（2人分）

おから ── 150g
マヨネーズ ── 大さじ1
枝豆 ── さやつきで150g
（さやから出して$\frac{1}{2}$カップ）
ミニトマト ── 6個
パプリカ（黄） ── $\frac{1}{2}$個
紫玉ねぎのみじん切り
── $\frac{1}{8}$個分
レモン汁 ── 大さじ1
きゅうりのみじん切り
── $\frac{1}{2}$本分
A | オリーブオイル
　| ── 大さじ2
　| 豆板醤 ── 小さじ$\frac{1}{2}$
　| 塩 ── 小さじ$\frac{1}{3}$
ミントの葉のみじん切り
── ひとつまみ分

① おからは耐熱皿に入れ、ラップをして電子レンジで3分加熱し、熱いうちにマヨネーズを加えて混ぜ、冷ます。

② 鍋に水$1\frac{1}{2}$カップ、塩大さじ1（分量外）を入れ、沸騰させ、枝豆をさやつきのまま入れ、10分ゆでる。粗熱を取り、さやと薄皮を除く。ミニトマトは縦4等分に切る。パプリカは5㎜角に切る。

③ ボウルに紫玉ねぎ、レモン汁を入れて混ぜ、5分ほどおく。Aを加えて混ぜ、①、きゅうり、ミニトマト、パプリカ、枝豆、ミントの葉を加えて混ぜる。

おからのチーズチヂミ

材料と作り方（２人分）

おから ── 100g
白菜キムチ ── 100g
卵 ── ２個
A | 小麦粉 ── 大さじ3
　| しょうゆ ── 小さじ1
サラダ油 ── 大さじ1
ピザ用チーズ ── 50g

① 白菜キムチはみじん切りにする。

② ボウルに卵を割りほぐし、おから、Aを加えてよく混ぜ、白菜キムチを加えてさらに混ぜる。

③ フライパンにサラダ油を中火で熱し、②を大さじ２ずつ入れて円形に広げる。ピザ用チーズを等分にのせ、５分ほど焼き、上下を返してうすく焼き色がつくまで焼く。

おからの韓国風スープ

材料と作り方（２人分）

おから ── 100g
あさり（砂抜きしたもの）
　── 殻つきで150g
豚バラ薄切り肉、
　白菜キムチ ── 各100g
長ねぎ ── $\frac{1}{3}$本
サラダ油 ── 大さじ$\frac{1}{2}$
にんにくのすりおろし ── 1かけ分
みそ ── 大さじ1

A | 煮干し ── 20g
　| 水 ── $3\frac{1}{2}$カップ

① Aは合わせて10分以上おき、火にかけ、煮立ったら弱火にして10分煮る。煮干しを除く。

② あさりは３％の塩（分量外）を入れた水に60分ほど浸してさらに砂抜きする。豚肉は２cm長さに切る。白菜キムチは1cm幅に切る。長ねぎは斜め薄切りにする。

③ 鍋にサラダ油を強火で熱し、にんにく、豚肉、白菜キムチを入れて油が回るまで炒め、おから、あさりを加えて油が回るまで炒める。

④ ③に①、みそを加えて溶かし、フタをして中火で10分煮て、長ねぎを加えてさっと煮る。

油揚げとにんじんの炒り煮

材料と作り方（２人分）

油揚げ ── 1枚
にんじん ── ½本
しめじ ── 1パック
いんげん ── 10本
ごま油 ── 大さじ½
A｜しょうゆ、酒 ── 各小さじ2
　｜砂糖、みりん ── 各小さじ1
すり白ごま ── 大さじ1

① 油揚げは縦半分に切り、横に細切りにする。にんじんはせん切りにする。しめじは小房に分ける。いんげんは斜め薄切りにする。

② フライパンにごま油を中火で熱し、油揚げを入れてうすく色づくまで炒める。にんじん、しめじ、いんげんを加えてしんなりするまで炒め、Aを加えて汁気がほとんどなくなるまで炒りつけ、ごまを加えて混ぜる。

油揚げとずいきの含め煮

材料と作り方（２人分）

油揚げ ── 1枚
干しずいき（芋がら） ── 20g
にんじん ── ½本
サラダ油 ── 大さじ½
A｜だし ── 1カップ
　｜しょうゆ、酒 ── 各大さじ1
　｜みりん ── 大さじ½
　｜砂糖 ── 小さじ1

① 油揚げは熱湯でさっとゆで、ザルに上げて粗熱を取り、1cm幅に切る。干しずいきは洗ってから水に10分浸して戻し水気を絞る。熱湯で5分ゆで、水で洗って水気を絞り、5〜6cm長さに切る。にんじんは7〜8mm厚さの輪切りにする。

② 鍋にサラダ油を中火で熱し、にんじん、干しずいきを入れて油が回るまで炒める。A、油揚げを加え、汁気がほとんどなくなるまで15分煮る。

藤井 恵（ふじい・めぐみ）

料理研究家。管理栄養士。おいしくて作りやすく、絶対失敗しないレシピが大人気。
絶品料理とお酒がある場所に出かけては、レシピ研究に余念がない進化し続ける家庭料理の達人。

デザイン　天野美保子
撮影　木村 拓（東京料理写真）
スタイリング　大畑純子
編集協力　こいずみきなこ
編集　三宅礼子
校正　株式会社円水社

撮影協力　UTUWA　☎ 03-6447-0070

からだが喜ぶ！ 藤井 恵の 豆腐 レシピ

発行日　2017年2月15日　初版第1刷発行
　　　　2018年3月10日　　第5刷発行
著　者　藤井 恵
発行者　井澤豊一郎
発　行　株式会社世界文化社
〒102-8187　東京都千代田区九段北4-2-29
TEL 03-3262-5118（編集部）
TEL 03-3262-5115（販売部）
印刷・製本　凸版印刷株式会社

ISBN 978-4-418-17300-6